Timothy J. Wengert

Reading The Bible With Martin Luther

루터와 성서

: 루터와 함께 읽는 성서

티모시 J. 웽거트 지음
김효종 옮김

컨콜디아사

목 차

약 어

Ap	Apology of the Augsburg Confession
BC	*The Book of Concord*. Robert Kolb와 Timothy J. Wengert 편역: Minneapolis: Fortress, 2000.
CA	Augsburg Confession
CR	*Corpus Reformatorum: Philippi Melanthonis opera quae supersunt omnia.* Karl Bretschneider와 Heinrich Bindseil 편집. 28권, Halle: A. Schwetschke & Sons, 1834-1860.
LC	Large Catechism
LW	*Luther's Works*[미국판]. Jaroslav Pelikan과 Helmut T. Lehmann 편집. 55권. Philadelphia: Fortress; St. Louis: Concordia, 1955-1986.
MBW	*Melanchthons Briefwechel: Kritische und kommentierte Gesamtausgabe: Regesten*. Heinz Scheible 편집. 12권 이상. Stuttgard-Bad Cannstatt: Frommann-Holzboog, 1977-. MBW 다음에 나오는 번호는 편지의 번호임.
SC	Small Catechism

StLA *Dr. Martin Luthers Sämmtliche Schriften.* Johann Georg Walch 편집. 재판, 23권. St. Louis: Concordia, 1892-1910.

Texte *Melanchthons Briefwechsel: Kritische und kommentierte Gesamtausgabe: Texte.* Heinz Scheible 등 편집. 11권 이상. Stuttgard-Bad Cannstatt: Frommann-Holzboog, 1991-. 또한 위의 MBW 참조.

WA *Luthers Werke: Kritische Gesamtausgabe* [*Schriften*], 65권. Weimar: H. Böhlau, 1883-1993.

WA DB *Luthers Werke: Kritische Gesamtausgabe: Bibel.* 12권. Weimar: H. Böhlau, 1906-1961

WA Br *Luthers Werke: Kritische Gesamtausgabe: Briefwechsel.* 18권. Weimar: H. Böhlau, 1930-1985

WA TR *Luthers Werke: Kritische Gesamtausgabe: Tischreden.* 6권. Weimar: H. Böhlau, 1912-1921.

서문

현대 그리스도인이 마르틴 루터와 함께 성서를 읽을 수 있을까? 아니 좀 더 정확하게 말해, 마르틴 루터와 함께 하나님의 말씀을 듣는 것이 가능할까? 이 질문들에 대답하자면 우렁찬 '예스!'다. 그런데 루터와 함께 성서를 읽고 듣는다는 것은 성서에 대한 우리 나름의 접근법에 도전한다. 성서 해석에서 좀 더 근본주의적인 방법과 좀 더 자유주의적인 방법, 둘 모두로부터 거리 두기를 요구한다. 이 책에 실린 다섯 논문은 루터가 그리스도인에게 제공하는 것을 개요하고, 하나님이 새롭게 말씀하시도록 성서에 대한 신선한 접근법을 발굴한다.

우리는 제1장에서 미국 루터란 세계뿐 아니라 다른 개신교회에서도 가장 치열하게 접전하는 주제 중 하나인 성서의 권위를 다룬다. 루터가 야고보서를 다룬 방식은 "정확 무오한" 본문에 관한 (비성서적인) 주장과는 반대로 루터가 경험한 성서 권위의 중심인 "*그리스도를 강조하는 것*"(*Was Christum treibet*)을 새롭게 들을 수 있도록 우리를 이끌 것이다. 수 세기에 걸친 오해로 루터와 야고보서의 관계가 얼룩졌지만 말이다. '*그리스도만으로*'(*solus Christus*)라는 말로 가장 잘 요약할 수 있는 이 성서 해석의 열쇠는, '*성서만으로*'(*sola Scriptura*)라는 표현에 대한 루터 자신의 조심스러움, 그리고 이따금의 거절과 대조를 이룬다. '*성서만으로*'는 실은 루터 이후 일단의 그리스도인이 성서에 대한 좀 더 문자적 접근을 지지하려고 들먹인 것이다. 사실 루터는 단지 책 안에 갇힌 말씀이 아니라 *선포된* 하나님의 말씀에 훨씬 관심이 많았다. 한번은 교회는 '입의 집'(a mouth house)이지 '붓의 집'(a quill house)이 아니라고 말하기도 했다.

제2장은 방법론과 관련된 질문을 살펴본다. 마르틴 루터와 그의 가까운 동료 필리프 멜란히톤(Philip Melanchthon) 두 사람이 공유한 방법론인데, 이를테면 율법과 복음을 구분하는 것이다. 우리는 이 구분이 단순히 약속으로부터 계명을 분리하는 기술과는 거리가 멀다는 사실, 이 구분은 하나님의 말씀이 청자에게 구체적으로 영향을 미치는 어떤 방법과 관계가 있다는 사실을 배우게 될 것이다. 율법으로서 하나님의 말씀은, 이 세상 질서를 유지하고 죄를 억제하며(멜란히톤은 율법의 시민적 또는 "첫 번째" 용법이라고 불렀다), 죄를 드러내고 옛 자아를 죽인다(율법의 신학적 또는 "두 번째" 용법). 복음으로서 하나

님의 말씀은 용서를 선포하고, 믿음으로 된 새 피조물에게 생명을 준다. 멜란히톤이 만들고 장 칼뱅이 강조한 율법의 "세 번째 용법"은 16세기에 있었던 루터란 논쟁에 등장하므로, 이 장(章)에서는 이 용법도 들여다볼 것이다. 그래서 최소한 이 용법이 루터란에게 무엇을 의미했는지, 즉 신자에게 적용된 율법의 첫 번째와 두 번째 용법은 무엇인지 독자들이 알게 하려 한다.

그런 후 제3장에서는 성서 안 하나님의 말씀을 듣기 위한 중심 해석 도구를 다루려 한다. 그것은 성서 본문에 내재된 약함(weakness)으로서, 십자가에 못 박히신 그리스도께 수반된 약함을 언제나 증거하는 것이다. 루터의 성서 해석은 다른 어떤 곳보다 여기에서 당시나 지금 흔한 여러 방법과 결을 달리한다. 옛 자아는 "왕국, 권력, 그리고 영광"을 욕심내고, 성서를 통제에 중독된 욕심에 걸맞은 책으로 만들려 하지만, 하나님은 되레 말씀의 약함 가운데 오신다. 육신이 된 말씀의 약함을 반영하면서 말이다. 그리고 바로 그 약함으로 우리에게서 통제권을 회수하시고 우리를 신자로 만드신다. 종교 개혁 사상에서 성서의 약함이라는 주제와 가까이 연관된 것은, 로마서에서 가장 선명하게 정의된 대로, 성서에는 중심이 있다는 주장과 성서의 각 책에는 염두에 두고 읽어야 할 중심 포인트가 있다는 주장이다.

제4장에서는 성서에 대한 루터의 사상에서 중요하고도

논쟁적인 또 다른 분야를 들여다본다. 바로 윤리에 대한 그의 접근이다. 이 장에서는 루터의 윤리적 사고에서 네 가지 중요한 면을 연구한다. 그것은 완전하다고 할 수는 없지만, 오늘날 윤리적 고찰에서 간과하는 몇 가지 주제에 대해 중요한 윤곽을 제공할 것이다. 루터와 멜란히톤은 도덕적 사고에서 율법(심지어 하나님의 법)의 무자비한 적용에 의문을 불러일으키는 공평과 균형에 접근하는 것을 옹호했다. 이 우려는 "매인 양심"에 대한 그의 의견과 맥을 같이했고, 그에게 그리스도인의 윤리를 그렇게 자주 망치고 목회적 관심의 중심 역할을 흐리게 만드는 강압적인 율법주의에 빠질 인간의 잠재력을 잘 관리할 근거를 제공했다. 이 두 가지와 연결된 것은 그리스도에 대한 믿음의 중심인데, 그것은 모든 그리스도인의 행동을 합당하게 규정하고, 그것으로부터 모든 그리스도인의 행동이 일어난다. 마지막으로 루터의 윤리는 개인적이기보다 그리스도인 공동체 안에 있다.

마지막 장인 제5장에서는 루터 주석의 예 하나를 살펴본다. 앞에서 개요한 많은 원리가 어떻게 실제로 작용하는지 좀 더 나은 감각을 독자에게 제공하게 될 것이다. 이 장은 스코틀랜드의 세인트앤드루스 대학(St. Andrews University)에서 있었던 모임의 강의로 시작되었다. 갈라디아서 3:6-14에 집중하는데, 율법과 그리스도의 대속하시는 죽음에 대한 루터의 이해에 특히 중요한 구절이다. 한 구절의 권위와 그 효과, 그 중심적이고 어리석은 점이 모여 어떻게 루터에게 본문의 의미를 제공하는지를 거기서 볼 수 있다. 루터의 1519년과 1535년 갈라디아서 해설을 살펴보면서 독자는 또한 성서에 대한 루터의 접근의 다양성과 연속성을 얼마간 감지할 수 있을 것이고, 이 장을 루터 자신의 성경 해설서와 설교를 더 깊이 캐라는 초대로 볼 수 있을 것이다.

어빙 샌드버그(Irving Sandberg) 목사에게 특별한 감사를 표하고 싶다. 그는 미국 복음주의 루터교회(ELCA: Evangelical Lutheran Church in America)의 북동부 아이오와 시노드(Iowa Synod)의 지도자들 앞에서 이 주제에 대해 강연할 수 있도록 자리를 마련해 주었다. 첫 세 장이 그때 했던 강연에서 비롯했다. 네 번째 장은 같은 교단(ELCA)의 뉴잉글랜드 시노드의 목사들에게 한 강연에서 시작했다. 두 경우 모두 참석한 지도자들의 질문과 반응이 이 책을 완성하는 데 한몫했다. 창조 질서와 "매인 양심"에 관한 네 번째 장의 내용 일부는 ELCA의 성(性)에 관한 연구 대책 위원회(ELCA Studies on Sexuality)를 위해 쓴 것이 시작이다. 2002년부터 2009년까지 나는 그 위원회 회원이었다. 그 위원회에서 나눈 성 윤리에 대한 심도 있는 대화에 큰 빚을 졌다. 그렇지만 이 책의 모든 진술은 물론 나 자신의 것이다.

티모시 J. 웽거트

2012년의 성 십자가 날에

1

권 위

야고보서에 제자리 찾아주기

이 책은 성서를 바라보는 루터란의 독특한 방법에 관한 다음 세 가지 주제를 살펴본다. 바로 권위, 방법, 그리고 해석에 대한 루터의 이해다. 그런 뒤 윤리에 대한 루터의 접근과 관련된 복잡한 질문을 간단히 살피고, 한 성서 구절에 대한 그의 해석을 자세하게 분석하면서 끝낸다. 이 첫 장에서는 권위라는 이슈를 다룬다. 루터는 이 이슈에 대해 많은 말을 하진 않았지만, 특히 비루터교인 가운데 루터는 이 이슈로 가장 잘 알려졌다. 다음 장에서는 율법과 복음에 대한 루터란의 방법론을 고려할 것이다. 세 번째 장에서는 십자가라는 실제적 루터교 성서 해석의 중심을 들여다본다. 마지막 두 장은 윤리와 갈라디아서 해석에 작용하는 루터의 성서 접근의 구체적 예를 살펴본다.

야고보서와 지푸라기

만일 누군가가 루터와 야고보서를 같이 다루기 시작하면, 루터교인은 괴로워할 것이요, 비루터교 개신교인은 지루해할 것이다. 놀랍게 들릴지 모르지만, 루터와 야고보서에 관해(적어도 영어권에서는) 필라델피아의 루터신학대학원(The Lutheran Theological Seminary)의 한 박사 과정 학생이 관련 주제로 학위 논문을 쓰기까지 출판된 것이 별로 없었다. 데릭 쿠퍼(Derek Cooper)는 영국 청교도의 야고보서 해석을 연구하면서, 17세기 중반의 신학자들이 마르틴 루터에 대해 다른 것은 몰라도, 적어도 다음의 사실은 알았다는 점을 발견했다. 루터가 야고보서를 좋아하지 않아서 정경에서 빼 버리거나 적어도 부록으로 만들려고 했다는 사실 말이다.[1] 게다가 그들은 모

1) Derek Cooper, "The Ecumenical Exegete: Thomas Manton's Commentary on James in Relation to Its Protestant Predecessors, Contemporaries and Successors"(학위논문, The Lutheran Theological Seminary at Philadelphia, 2008). 이 논문은 *Thomas Manton: A Guided Tour of the Life and Thought of a Puritan Pastor*(Philadelphia, NJ: P&R,

두 루터가 야고보서를 지푸라기 서신으로 불렀다는 것도 알았다.

우리가 권위에 관한 질문을 푸는 데 도움을 얻으려 루터의 기록을 이용하기 전에 알아야 할 것이 있다. 루터는 1522년 9월 출판된 자신이 번역한 신약성서 두 곳에서 야고보서에 대해 논의했다. 신약성서 전체 서문과 야고보서와 유다서에 대한 상세 서문이다. 그런데 일부 사람만 아는 사실이 있다. 1534년 루터가 야고보서와 유다서 서문에 쓴 것은 유지하면서도 신약성서 전체 서문에서 야고보서에 대해 논평한 것은 삭제했고, 그 이후 역본에서도 그렇게 했다는 점이다. 그리고 또 하나 잘 모르는 사실은, 1539년 이후 신약성서만 출간한 것에서도 그 논평을 지웠다는 것이다. 그가 뭐라고 썼을까?

1522년 판 신약성서 서문 말미에 루터는 "무엇이 신약성서에서 적절하고 가장 순수한 책인가"라는 제목이 붙은 내용을 덧붙였다. 서문의 앞부분에서 소개한 기준에 근거하여 루터는, 최상의 책은 요한복음, 바울의 서신들(그중 으뜸은 로마서), 그리고 베드로전서라고 결론 내렸다. 자신의 독자들에게 이 책들을 우선하여 읽고, 책의 내용이 일용할 양식이 될 때까지 매우 자주 읽으라고 제안하며 이렇게 이유를 밝혔

2011)이라는 제목으로 개정되어 출판되었다. 아래에 나오는 단락들은 쿠퍼의 책에 근거한 것이다.

다. "이 책들에서 당신은 그리스도께서 하신 일과 이적에 대한 많은 서술보다는, 그리스도를 신뢰하는 믿음이 어떻게 죄와 죽음과 지옥을 이기며, 생명과 의와 구원을 주는지 그 천재적인 묘사를 발견할 것이기 때문인데, 그게 바로 당신이 들어온 *복음*의 합당한 의미다."[2] 멋지다! 신약성서를 읽는 데 익숙하지 않은 사람들이나 아마도 그 복잡성 때문에 어리둥절해하는 사람들을 위해 루터는 '신의 한 수'라고 할 만한 말을 했다. 하지만 또 다음의 말을 덧붙였다.

> 결론적으로 말해, 성 요한의 복음서와 그의 첫 번째 서신, 사도 바울의 편지들, 특히 로마서, 갈라디아서, 그리고 에베소서, 그리고 사도 베드로의 첫 번째 서신은 모두 당신에게 그리스도를 보여 준다. 당신이 다른 책이나 가르침을 보지 않고 듣지 않아도, 앞에 언급한 책들은 당신이 알아야 하는 필수적이고 유익한 것을 가르친다. 야고보서가 이에 비해 지푸라기 같은 서신이라는 것은 이런 이유 때문이다. 복음적인 특성이 없다.[3]

여기서 몇 가지 살펴보자. 첫째, 루터는 (야고보와는 달리) 그가 성인이라고 부르는 다른 신약성서의 저자들과 야고보를 나란히 두었다. 둘째, 그가 대조하는 중요한 요지는 이 책들

2) WA DB 6:10, 15-19(=LW 35:362). 따로 명시하지 않는 한 모든 번역은 저자 자신의 것임.
3) WA DB 6:10, 29-35(=LW 35:362).

이 "당신에게 그리스도를 보여 준다"는 것이다. 이것이 실제 루터에게 성서를 판단하는 유일한 기준이었다. 그래서 다른 책과 대조적으로 야고보서는 "복음적인 특성이 없다"고 말한다. 셋째, 루터가 말한 "지푸라기"는 독일어의 좀 이상한 어떤 의미를 차용한 것이 아니라, 고린도전서 3:12에서 사도 바울이 언급한, 그리스도 위에 짚이나 금, 보석으로 집을 짓는 일을 반영한다. 야고보도 기초는 바르게 사용하지만, 요한, 바울, 베드로가 이용하는 금 대신 짚을 이용해 집을 짓는다.

후대 루터의 번역본에도 변경되지 않고 남은, 야고보서 자체에 대한 서문에서 루터는 더 구체적이면서도 좀 놀랍기도 한 내용을 제공한다. 첫째, 루터는 바로 첫 문장에서 오늘날 많은 사람이 잊은 무엇인가를 드러낸다. 고대 교회도 야고보서에 매우 회의적이었다는 사실이다. "고대 교회로부터 배척당했지만"으로 시작한다.[4] 루터가 언급하지 않은 사실은, 자신이 야고보의 저작설에 의문을 가진 16세기 유일한 사람이 아니라는 것이다. 다름 아닌 로테르담의 에라스무스도 신약성서 주해에서 의문시했다. 에라스무스의 주장에 근거하여, (1518년 아우크스부르크에서 루터를 심문한 카예탄 추기경으로 잘 알려진) 토마소 데 비오(Thommaso de Vio) 역시나 야고보의 저작

4) WA DB 7:384, 3-4(=LW 35:395).

설과 권위에 의문을 제기했다. 그래서 루터는 실제 야고보서의 진정성에 의문을 제기한 여러 사람 가운데 한 명인 인문주의 학자였다. 고대 교회에서 몇 사람이나 그랬듯 말이다.[5] 루터는 새로운 비판적 시각을 가지고 교회의 오래된 논쟁을 다시 들추는 위험한 줄타기를 즐긴 사람이 아니다.

야고보서의 권위를 다른 이들도 의심쩍어한 것을 발견하는 것이 놀랍다면, 루터가 한 다음의 말은 가히 충격적이다. “나는 야고보서가 인간적 가르침을 제시하지 않고 하나님의 율법으로 강하게 몰아가기 때문에 선한 저작으로 여긴다.”[6] 야고보서는 하나님의 율법을 설교하되 교황이 그렇게 사랑했던 (그리고 야고보서의 정경적 권위를 옹호하려 했던 많은 이들이 사랑했던) 어리석은 *인간적* 교훈을 다루지 않는다. 루터는 야고보서를

---

5) 16세기에 ‘*인문주의자*’라는 용어는 오늘날 영어 용례처럼 ‘세속주의자’를 뜻하지 않았고, 지적인 운동을 묘사한 말이었다. 르네상스 때 이탈리아에 출현한 이들은 세련된 라틴어로 쓰고 말하는 것과 좋은 문헌(*bonae litterae*, “good letters”)을 읽는 것을 강조했다. 또한 가능한 한 인문, 신학, 의학, 법학의 최초의 자료로(*ad fontes*, “근원으로”) 돌아가는 것도 강조했다. 헬마르 융한스(Helmar Junghans)와 다른 이들이 보여 준 대로, 루터는 인문주의의 영향을 강하게 받았다. 헬마르 융한스의 *Der junge Luther und die Humanisten*(Weimar: Böhlaus Nachfolger, 1984)을 보라. 영어로 된 자료로는 그의 저작 *Martin Luther in Two Centuries* (St. Paul: Lutheran Brotherhood Foundation Reformation Library, 1992), 1-14쪽에 수록된 “Luther’s Development from Biblical Humanist to Reformer”를 보라. 이 서신에 대한 고대의 의문은 유세비우스(Eusebius)의 *The History of the Church from Christ to Constantine*, trans. G. A. Williamson (Harmondsworth, UK: Penguin, 1965; repr., Minneapolis: Augsburg, 1975), 103(II, xxiii, 25) and 134 (III, xxv, 3)에 보존되어 있다.

6) WA DB 7:384, 4-6(=LW 35:395).

예찬했다! 이런 좋은 논평을 했음에도 이어서 루터는 야고보의 사도성에 관한 실제적 논쟁에 들어간다. 처음부터 (교황의 포고 같은 것이 아니라!) 단지 자신의 개인적인 의견일 뿐이고, 문제에 대해 이견이 있을 수 있음을 진술하면서 말이다. 그는 자신의 의혹에 대해 두 가지 이유를 대는데, 첫 번째는 논쟁에 새로운 것이었고, 두 번째는 책에 대한 전통적인 반대를 살짝 스쳐 지나가는 것이다. 그러고 나서 책의 저작에 관한 이론을 가지고 계속 논쟁한다.

루터가 야고보서를 반대하는 첫 번째 이유는 "그것이 사도 바울, 그리고 다른 성서와 정면으로 충돌하여, 칭의를 행위의 탓으로 돌린다는 점이다. [야고보는] 아브라함이 믿음만으로 의롭다고 함을 받았다고 말하는 성 바울의 로마서 4장에도 불구하고, 이삭의 희생 앞에 나오는 본문인 창세기 15장을 인용해 그가 자신의 아들을 바쳤기 때문에 선행으로 의롭다고 함을 받았다고 말한다."[7] 대부분의 사람이 기억하지 않는 것은, 서로 상충하는 바울과 야고보의 문자적 본문에 대해 말할 때 루터는 태도를 분명히 밝혔다는 점이다. 그러나 그는 (아마도 자신의 측근 중) 어떤 이들이 모순을 설명하려고 노력한 것을 알았다. 그래서 그는 이렇게 덧붙였다. "이 서신서가 어쩌면 도움이 되고, 행위로 말미암은 칭의에 대한

7) WA DB 7:384, 9-14 (=LW 35:396).

해설적인 주석이 이 안에 있을지 모르지만, 창세기 15장에서 모세가 한 말과 행위를 연결한다는 사실로부터 아무도 보호할 수 없다." 모세는 전혀 의도하지 않은 것이다.[8] 루터는 이런 식의 약점이 이 서신에 사도성이 없음을 보여 준다고 결론 내린다. 따라서 루터에게 중요한 것은, 바울에게 동의하게 만들 수 있는 선행에 관한 야고보서의 가르침이 아니라, 서투른 성서의 오용 문제이다.

야고보서에 대한 루터의 두 번째 의구심은 "*Was Christum treibet*"(그리스도를 강조하는 것)이라는 하나의 독일어 구(句)로 요약될 수 있다. 사도성은 그리스도를 강조하고(emphasizes), 나타나시도록 하며(drives), 강하게 촉진하는(pushes) 것이다.[9] 루터는 이 서신의 사도성을 다음과 같이 부인한다.

> 두 번째, 이 서신은 그리스도인을 가르치려고 하지만 한 번이라도 그리스도의 고난, 부활, 또는 성령에 대한 어떤 가르침도 없고, 언급조차 하지 않는다. 그리스도를 몇 번 언급하기는 한다. 그러나 그분에 대해 가르치지 않고 하나님에 관한 일반적인 믿음에 대해 말할 뿐이다. 실로 참된 사도의 직분은 그리스도의 고난, 부활, 직무를 설교하고, 바로 이 믿음에 대한 기초를 놓는 데 있다. 그리스도 자신도 요한복음 15장에서 "너

---

8) WA DB 7:384, 14-18 (=LW 35:396).
9) 독일어 동사 *treiben*은 어원적으로 영어 동사 *drive*와 연관이 있지만, "push"(재촉하다, 밀다) 또는 "drive"(몰다, 동력을 공급하다)와 같은 중심적 의미의 다양한 주변 의미도 있다.

희도 나를 증언하느니라"라고 하신 것처럼 말이다. 그리고 이 점에 바르게 기록된 모든 성서의 책이 동의하고, 결국 모든 책은 그리스도를 설교하고 강조한다. 이것은 또한 어떤 책이 그리스도를 강조하는지 그렇지 않은지를 살필 때 모든 책을 재는 합당한 기준이다. 모든 성서가 그리스도를 드러내고(로마서 3장), 바울은 그리스도 외에 아무것도 알기를 원치 않기 때문에(고린도전서 2장), 그리스도에 대해 가르치지 않는 것은 베드로나 바울 자신이 가르친 것이어도 사도적이지 않다. 거꾸로 그리스도를 설교한 것은 비록 [가룟] 유다, [대제사장] 안나스, 빌라도, 헤롯이 했을지라도 사도적이다.[10)]

이 비판은 야고보서를 읽은 사람이라면 부인할 수 없는 가장 충격적인 것이다. 다시 말해, 만일 어떤 연유로 아주 짧은 서신들(유다서, 요한2서, 요한3서, 빌레몬서)을 제외한 신약성서의 책 한 권만 지금까지 남았다면, 그리고 그게 야고보서라면, 그리스도나 성령에 대해 어떤 것이든 아는 것은 그야말로 불가능하다. 그런데도 이 빈약한 책을 통해 나머지 신약성서를 읽어야 한다고 말하는 이들이 있다. 솔직히 야고보서의 그리스도론에 기초해 보자면, 야고보서를 그래도 지푸라기 서신이라 말하는 것은 칭찬에 해당한다. 거기에는 그리스도에 대한 증거가 없고, 그분의 구원하시는 십자가와 부활도 언급하지 않으며, 성령에 대한 논의도 전혀 없다. 루터가 야고보서를 배

10) WA DB 7:384, 19-32 (=LW 35:396).

척한 것은 (지금은 많은 사람이 어쨌든 틀렸다고 여기지만) 루터가 칭의에 입각하여 바울을 "이상하게" 읽은 탓이라기보다, 사도적 직무에 대한 성경의 중심 질문과 관계가 있다.

성서의 권위에 대한 논의에서 훨씬 더 중요한 것은 루터가 여기 쓴 내용이다. 성서뿐 아니라 다른 그리스도교 저작물을 판단할 수 있는 놀라운 길을 알려 주기 때문이다. 사도성, 다시 말해 야고보라는 이름을 가진 사도가 야고보서를 썼는가를 놓고 벌인 고대 교회의 논쟁은 졸연히 고려할 가치가 없어진다. 만약 [가룟] 유다가 책을 썼는데, *그것이 그리스도를 강조했다면*, 그것은 사도성을 가진 책이다.[11] 루터가 자신의 가톨릭 반대자들과 교황을 비판하기 위해 사용한 동일한 기준이 이제 성서 자체를 위한 척도와 시금석이 되었다.[12] 에스더서는 하나님을 언급하지 않는다. 그러니 멋진 이야기이긴 하지만 복음과 혼동하지 말라.[13] 사실 이 기준에

---

11) 유다 복음서에 대한 최근의 분노는 그래서 루터에게는 우스운 것으로 보일 것이다. 루터의 인도를 따르는 해석가라면 절대 "그리스도를 강조했는가?"라는 질문 대신 "누가 썼는가?"라고 묻지 않을 것이다.

12) 루터의 교황 비판에 관해서는 Scott Hendrix의 *Luther and the Papacy* (Philadelphia: Fortress, 1984)를 보라. 개혁 초기에 루터는 교황이 잘못 알고 있다고 여겼지만, 1520년쯤에는 교황권이 그리스도의 용서의 복음을 버렸고, 그래서 반그리스도교적(anti- Christian)이 되었다고 확신했다. 교황권이 지상 교회와 성서에 대한 권위를 주장했기 때문이다.

13) 자유의지를 놓고 에라스무스와 논쟁하던 루터가 던진 말이다. WA 18:666, 23(=LW 33:110)을 참고하라. 다음 책에서 자세히 설명되었다. Heinrich Bornkamm의 *Luther and the Old Testament,* trans. Eric W. and Ruth C. Gritsch (Philadelphia: Fortress, 1969), 188 n391.

따라 우리는 많은 위경 문서를 쉽게 무시할 수 있다. 그러나 이것은 또한 루터가 우리에게 현대 저작물을 판단할 수 있는 도구를 준 것이다. 루터의 기준에 의하면, 휴거를 다룬 일명 "레프트 비하인드 시리즈"(the Left Behind series), (또는 내가 부르기 좋아하는 말로 "나 홀로 집에" 시리즈)를 읽는 것은 시간 낭비다. 눈사태로 호숫가 오두막에 갇혔는데 책장에 있는 대니엘 스틸(Danielle Steel: 뉴욕 타임지가 베스트 셀러로 지명한 행복에 관한 저자: 역자주)의 책을 이미 다 읽었다면 모르지만 말이다. 그래도 그 책들은 불쏘시개로 사용하는 편이 나을 것이다. 다른 예를 들어보자. 목사이자 내 친구 중 한 명이 한번은 아주 잘 알려진 루터교 대형 교회 목사의 6개월 분량 온라인 설교를 꼼꼼히 들었는데, *단 한 번도* 예수의 죽음이나 부활이 언급되지 않은 점을 발견했다. 지푸라기 설교 같으니! 그리고 설교 때마다 예수를 단순히 따라야 할 모범으로 만든 설교자도 나을 게 없다.[14)]

마지막으로, 루터는 야고보서의 스타일과 내용을 살펴보았다. 루터는 "그는 율법과 행위를 강조한다"고[15)] 쓴다. 야고보는 그마저도 매우 무질서하게 했다. 루터는 야고보서가

14) 그래서 신약성서에 대한 서문의 초반부에서 루터는 이렇게 독자에게 경고한다. "따라서, 지금까지 일어난 것처럼, 그리스도를 가지고 [율법 부여자] 모세를 만들거나, 복음서에서 율법이나 교리서를 만들지 않도록 주의하라"(WA DB 6:8, 3-4 [=LW 35:360]).

15) WA DB 7:386, 1-2(=LW 35:396-97).

어떤 경건한 그리스도인이 사도들의 제자에 의해 전수된 말들을 하나로 모아 쓴 것이거나, 다른 어떤 사람에 의해 기록된 경건한 크리스천 설교로 구성된 것이라고 제안한다. (루터가 예를 드는 대로) 저자가 베드로나 바울 서신을 인용한 점은 저자가 사도이자 초기 순교자인 야고보가 아니며, 이 책은 사도들로부터 한참 후에 기록되었음을 증명한다. 많은 현대 주석가도 동의한다.[16)]

종합하면, 루터는 저자가 선행에는 전혀 관심 없이 믿음만 신뢰한다는 사람으로부터 보호하길 원했지만 제대로 성사시키지 못했다고 결론 내렸다. 사도들이 사랑을 강조해 성취한 것을 그는 율법을 강조해 이루기를 원했다. 이러한 이유로 루터는 이 책을 주요 책들 가운데 둘 수 없어 (유다서와 요한계시록과 함께) 덜 중요한 책들이 담긴 부록에 집어넣었다. 그렇지만 루터는 그 책을 복원하길 원하는 사람들을 비판하길 거부했다. 구세주 예수 그리스도와 성령에 관해 아무런 언급도 하지 않지만 정말 좋은 말을 포함하기 때문이다.

16) 예를 들어, Pheme Perkins, *First and Second Peter, James, and Jude*(Louisville: Westminster John Knox, 1995), 83-85, 93-95 참조.

스스로를 인증하는 성서

야고보서에 대한 루터의 논평들을 잠깐 살펴본 것이 어떻게 권위라는 주제를 이해하도록 도와주는가? 이 시점에서 대답은 꽤 분명하다. 루터에게 성서적 권위는 믿음을 위한 선제 조건이 아니라 믿음의 결과였다. 따라서 성서에 대한 그의 이해는 많은 미국의 현대 그리스도인과 대조를 이룬다. 루터는 한 번도 "성경이 그렇게 말하고, 내가 그것을 믿으니까, 그거면 돼"라고 말하지 않았다. 반대로 "내가 그리스도를 믿기 때문에, 그분을 통해 나는 모든 것을 판단할 수 있어"(빌 4:13 참조)라고 말한다. 그리스도를 강조하는 것이 나를 밀어붙인다. 다른 말로 해 보면, 루터가 성서에 접근할 때 그의 첫 번째이자 유일한 질문은 (옛날 TV 광고를 인용하자면) "쇠고기는 어디에 있지?" 또는, (바울의 말을 풀자면) "금, 진주, 다이아몬드, 에메랄드, 루비는 어디 있는가?"이다. 또 다른 말로 하자면, 루터에게 성서는 스스로를 인증한다. 성경은 하나님의 말씀이다. 그리스도 안에서 하나님이 하시는 일 곧 옛것을 죽이시고 새것을 일으키시는 일을 나에게 하기 때문이다. *복음*(evangel: 기쁜 소식)을 야고보서를 판단하는 열쇠로 삼은 루터의 결정은 모든 형태의 성서 근본주의에 의문을 던진다. 그러나 루터의 급진적 통찰을 논의하기 전에 대안을 고려해 보자.

근본주의자들은 성서를 인증하기 위해 성서 밖에서 출발해야만 한다.[17] 다시 말해, 그들은 진리에 대한 정의에서 시작해, 그것을 성서 본문에 적용한다. 만일 성서가 그들이 정의한 진리에 부합하면 진실이고, 그렇지 않으면 거짓이다. 그런데 진리에 대한 그들의 정의는 부정(否定)을 통해 하나님에 대한 것을 찾아가는 방법(apophatic)에 근거한다. 다시 말해, 부정을 통해 정의(定意)를 얻는다. 성서가 참되려면 두 가지가 있으면 *안 된다*. 오류가 있으면 *안 되고*, 거짓을 포함해서도 *안 된다*. 그 말은, 성서는 무오하고(in-errant), 무흠해야(in-fallible) 한다는 것이다. 이때 라틴 접두어 *'in'*은 'not'이라는 뜻이다. 물론 어떤 것이든 그런 정의는 항상 인간적으로 만족시키기 어려운 기준을 설정하게 마련이다. 그래서 근본주의자들은 즉시 뻔한 '구매자 부담 수칙'(caveats) 같은 것들을 내세운다. 성서의 각 사본은 사본 필경자의 오류를 포함하고, 전승과 해석은 언제나 오류를 만들지만, 내용에 관해 성서는 오류나 거짓을 포함하지 않는다는 식이다. 그런데 이 오류나 거짓의 판단 기준은 성서를 판단하려고 인간적 정의에서 들여온 것이다.

---

17) 아직까지 미국 근본주의에 대해서는 다음 자료가 최고다. George M. Marsden, *Fundamentalism and American Culture: The Shaping of Twentieth Century Evangelicalism, 1870-1925*, 2nd ed. (New York: Oxford, 2006).

또 하나의 어려움이 존재한다. 누가 *이* 책들의 묶음이 성경이라고 말하는가? 이것이 루터의 도전이 특히 우려되고, 루터가 17세기 청교도들에게 그런 혹독한 비판의 대상이 된 일부 이유다. 성서는 역사적 산물이다. 주후 90년부터 모인 얌니아 유대 회의, 연도를 단정하기 어려운 2세기에서 4세기경 사이의 목록(무라토리 정경), 그리고 주후 367년부터 쓴 아타나시우스의 '축전 편지들'(festal letters) 덕분에 우리는 정경이란 것을 가지게 되었다. 거기다가 "교회의 권위가 나를 움직이지(moved) 않았더라면 나는 복음서를 믿지 않았을 것이다"라는 히포의 아우구스티누스의 유명한 말까지 보태면, 개신교 진영은 정말 어려워진다. 어떻게 해석하든 그의 말은 교회를 성서 위에 두는 것으로 보인다. '먼저 정경을 형성한 교회를 믿으라. 그런 뒤 성서를 믿으라'는 식이다. 개신교 신학자와 논쟁을 벌이는 가톨릭 신학자는 그 아이러니를 지적하는 일에 피곤해하지 않는다. 개신교가 성서의 권위를 강조할수록, 교회는 더 큰 권위가 있음을 무심결에 증명하고 마는 것이다. 물론 아우구스티누스의 말은 주교나 교황의 권위와는 아무 상관이 없고, 모두 교회의 *증거*의 권위와 관련이 있다. 루터도 지적하는 바다. 그런데도 성서의 정경에 호소함으로써 인간적 권위가 성서에 권위를 부여한다.

근본주의자들이 성서의 무오와 무흠을 그렇게 격렬하게

주장하는 것은 또한 그들 신학의 더 깊은 면모와 관련되어 있다. 성서는 밝혀낼 수 있는 진리와 그렇지 않은 두 종류의 진리를 포함한다는 의견이다. 문제는 간단하다. 그들이 사용하는 표현을 빌리자면 그리스도교 신앙에서 *근본적인 것들*은 동정녀 탄생, 육체의 부활, 대속의 속죄 이론, 그리고 삼위일체 교리와 그리스도의 두 본성이다. 이런 것들은 성서 안에서 과학적으로나 논리적으로 입증할 수 없기에 단지 주장되어야 한다. 아무도 그 점을 부인하지 않는다. 그러나 성서의 정통성을 보장하는 과학적이고 역사적인 사실도 있다고 말한다. 6일 창조, 홍수, 고래가 삼킨 요나가 그 예다. 만약 이것들이 사실에 반한다고 증명된다면, 입증할 수 없는 진리들조차 더는 믿을 수 없게 된다. 다시 말해 만약 지구가 50억 살이라면, 하나님도, 그리스도도, 그리고 구원도 없게 된다.[18]

마지막으로, 근본주의자들이 성경에 접근하는 방식은 법에서 나왔다. 결국 진리의 정의는 법이다. 오류와 거짓이 없다는 논리는 법의 논리이다. 진리를 두 가지 형태로 나누는 것은 근본적인 *원리*(tenet), 즉, 법이다. 나아가, 성서의 *정경*을 받아들이는 것도 법이다. 그런 교회에서 평신도 대다수가 "성경이 그렇게 말하고, 내가 그것을 믿으니까, 그거면

---

18) 이것은 근본주의가 결국 얼마나 합리주의적인지 보여준다.

돼"라는 주문을 외울 때, 그들은 성서에 먼저 권위를 부여하고 있다는 점은 생각하지 않는다. 실로 그들은 그런 이슈는 타인에게 넘기는데, 대체 누구에게일까? 무엇을 믿을지 말해 주고, 어떻게 모순을 극복할지 가르치며, 성서의 권위를 주장하는 그들의 목사와 지도자이다. 따라서 근본주의의 중심에는, 현재 일단의 미국 교회에서 실행되듯, 교황주의의 회중적 형태만 있을 뿐이다. 실제 주문은 "우리 목사님이 성경이 그렇게 말한다고 하셨고, 내가 그것을 믿으니까, 그거면 돼요"이기 때문이다. 그게 법이다!

루터는 이 모든 것과는 반대로 성서는 스스로 인증한다고 주장했다. 성서가 하나님의 말씀인 것은, 그것이 내게 "하나님이 하시는 일을 하기"(does God to me) 때문이다.[19] 야고보서가 부록으로 분류된 것은 정확하게 율법만 담고 있기 때문이다. 하나님의 율법이긴 하지만, 율법임을 기억하라. 그리스도 안에서 하나님이 행하신 일을 증거하지 않아서, 하나님이 하시는 일을 할 수 없다. 옛 자아를 죽인 뒤 새 자아를 살리는 일을 하지 못한다. 달리 말해 하나님의 말씀은 그리스도 안에서 우리를 신자로 만든다. 그 일을 하지 않으면 누

---

19) Gerhard Forde, *Theology Is for Proclamation* (Minneapolis: Fortress, 1990), 2-8. 포르데의 "to do God to us"라는 자극적인 표현 방식은 하나님을 속성(고정된 명사)으로 축소하기를 회피하고, 하나님이 그리스도 안에서 행하신 것(죽고 다시 사는 것)은 하나님이 우리에게 행하시는 것이라는 점을 강조하려 한다. 하나님은 율법과 복음의 말씀을 통하여 옛 자아를 죽이고 신앙의 새 자아를 일으켜 세우신다.

가 썼든 상관없이 하나님의 말씀이 아니고, 권위가 없거나 제한적인 권위가 있을 뿐이다.

이것이 루터를 어떤 책이 정경 안에 있고 밖에 있는지를 결정하는, 성서 위에 있는 사람으로 만들었는가? 야고보서를 가방(또는 종교개혁이라는 버스 아래)에 던져 희생시킴으로 그가 루터교회의 교황이 되었는가? 두 가지 이유로 아니다. 첫째, 루터는 이것이 야고보서에 대한 개인적 의견이라는 점과, 이 의견이 아니라 오직 복음에 충성할 것을 요구한다는 점을 조심스럽게 진술했다. 둘째, 루터의 입장은 실제로 반대 결과를 이끌었다. "그리스도를 강조하는 것"(Was Christum treibet)이라는 루터의 기준은 야고보서뿐 아니라 루터 자신도 그리스도 아래에 둔다. 성서의 권위를 판단하는 그의 기준은 "*루터를 강조하는 것*"도, 혹은 설상가상으로 "*루터가 강조하는 것*"도 아니라 "*그리스도를 강조하는 것*"이다.

다르게 표현하자면, 성서를 규정하는 진리에 관한 주장이 있는데, 동일한 이 규범이 루터를 포함해 어떤 성서 해석자든 규정한다. (초기 루터란은 아니지만) 후대의 개신교 스콜라주의 신학자들은 (다른 모든 권위 위에 있는 권위와 규범인) 성서와 (성서의 권위에 복종하는 권위인) 신조와 고백을 구분했다.[20] 어떤 면에서 성서는

---

20) 가끔 '*norma normans*'(표준을 세우는 기준)와 '*norma normata*'(표준으로 세워진 기준)라는 표현을 사용해 이것에 대해 논의했다. 다음의 문헌을 보라: Heinrich Schmid, The Doctorinal Theology of the Evangelical Lutheran Church, 3rd ed., trans. Charles A. Hay

그 높은 권위*이지만*, 다른 어떤 중요한 면에서는 아니다. 오직 하나의 권위만이 존재하는데, 바로 못 박히시고 살아나신 분이다. 그 권위만이 성서든 다른 것이든 여타 모든 권위에 권위를 부여한다. "너희 말을 듣는 자는 내 말을 듣는 것이요"(눅 10:16). 바울, 베드로, 막달라 마리아, 루터, 그리고 누군가의 목사는 모두 그리스도에 의해 규정된다. 따라서 루터는 야고보서에 책임을 물음으로써 자신에게도 책임을 묻는다. 만일 루터가 자신이 전한 복음 이외 다른 복음을 전하기 시작한다면, 바울이 갈라디아서 1:8-9에서 자신에게 선언한 대로 '그는 저주를 받을지어다.'[21] "그리스도를 강조하는 것"이라는 원칙은 성서만이 아니라 사역 그리고 실제 모든 교회를 강하게 밀어붙인다. 나아가 루터는 야고보서와 교황권을 동일한 이유로 거부했다. 둘은 그리스도가 아니라 율법을 강조한다. 야고보서가 교황권보다 나은 것은, 야고보서가 교황권과는 달리 하나님의 율법을 강조했기 때문이다.

구약성서는 어떻게 되는가? 분명 그것은 그리스도를 명쾌

---

and Henry E. Jacobs (Philadelphia: Lutheran Publication Society, 1876; repr., Minneapolis: Augsburg, 1961), 38-102. 그리고, Werner Elert, The Structure of Lutheranism, 2nd ed., trans. Walter A. Hansen (St. Louis: Concordia, 1962), 179-210.

21) 이 본문은 로마와의 초기 논쟁에서도 중요해서, 루터는 1521년 보름스 회의 후에 황제에게 보낸 자신의 편지에서도 사용했다. WA Br 2:307-10(=LW 48:203-9) 참조.

하게 강조하지 않는다. 그렇지 않은가? 루터는 신구약에 한 분, 신적인 저자를 가정해 양쪽을 초월하는 논리를 가정했기에 우리가 가진 문제에 직면하지는 않았다.[22] 예를 들어, 그는 신약보다 구약에서 삼위일체를 증명하기가 쉽다고 확신했다. 좀 더 역사화된 성서 접근 방식으로는 상상조차 하기 어려운 일이기는 하지만 말이다. 보수든 진보든 성서에 대한 현대적 훈련은 루터란이 아니라 주로 개혁적인 그리스도교 진영에서 통찰력을 가지고 온다. 따라서 연대(年代), 문학 유형, 언약들, 그리고 무엇보다 구원사에 대해 그들이 고이 간직한 의견 자체에 저촉되지 않고서 신-구약의 관계에 관한 답하기란 매우 어렵다. 가장 급진적으로 표현해, 루터와 그의 입장을 따른 이들은 신약과 마찬가지로 구약이 그리스도인의 믿음을 지원할 때 권위를 얻는다고 말하고 싶어 한다. 그리스도 안에서 하나님을 신뢰하도록 돕는다는 뜻이다. 그리고 구약은 언제나 그 일을 한다!

이 질문에 대해 루터가 자기 입장을 어떻게 발전시켰는지 이해하기 위해서는, 그가 비텐베르크 대학의 신학 교수로 1513년 성경에 대한 강의를 시작했을 때 그에게 어떤 선택 사항들이 있었는지 알 필요가 있다. 성서학 박사로 처음 강의에 임할 때 그가 먼저 한 일 중 하나는 중세의 '콰드리

---

22) Bornkamm, *Luther and the Old Testament*, 195-218 참조.

가'(Quadriga), 또는 성서의 4중 해석 방법을 설명하는 것이었다. 예루살렘과 바벨론을 예로 들면서 루터는, 각 성서 본문은 문자적(literal) 의미(중동의 도시들), 은유적(allegorical)[23] 의미(선하고 나쁜 사람들), 교훈적(tropological, 도덕적) 의미(미덕과 악덕), 그리고 신비적(anagogical, 미래 중심적) 의미(상과 벌)를 가지고 있다고 했다. 실로, 기준이 되는 접근법은 '*allegoria*'를 교리 그리고 교회나 이단 교회에 대한 그리스도의 관계(따라서 믿음)에 대한 모든 것으로 정의했다. '*tropologia*'는 영혼과 하나님(따라서 미덕과 악덕, 특히 사랑)과 관계있는 모든 것으로, '*anagogia*'는 미래의 복된 상태나 심판(따라서 소망)과 관계된 모든 것으로 정의했다.[24] 중세의 해석 전통은 세 개의 라틴어 동명사를, 믿음, 사랑, 소망이라는 세 가지 신학적 덕성과 부합하는 본문의 이 세 개 "영적" 해석과 연결했다. 세 동명사란 '*credenda*'(믿어야 하는 것), '*agenda*'(행해야 하는 것), 그리고 '*speranda*'(소망해야 하는 것)이다. 이것은 게르하르트 에벨링이 말한 대로, 해석의 전체 작업이 율법으로부터 나온다는 뜻이다.[25]

루터가 어떻게 선배들과 구별되는 접근법을 개발했는지

23) 영어권에서 *allegory*라는 단어는 본문에서 영적인 의미를 캐내는 좀 폭넓은 행위를 말할 때 사용된다. 여기서 루터는 그리스도의 가르침과 관련해 교회 안에 있는 사람을 중심에 둔 해석이라는, 상당히 협의적인 의미로 이 용어를 사용했다.

24) 동시에 루터는 구약이 주로 그리스도를 예시하는 것과 관계있다고 보아 유형론적으로 읽었다. 아래를 보라.

25) Gerhard Ebeling, "The Beginnings of Luther's Hermeneutics," *Lutheran Quarterly* 7 (1993): 129-58, 315-38, 451-68.

를 제대로 음미하려면, 오랫동안 인디아나 대학의 종교개혁 교수였던 제임스 새뮤얼 프로이스(James Samuel Preus)의 연구를 보면 도움이 된다. 『*From Shadow to Promise*』라는 책에서, 루터가 시편을 강의할 때 돌파구가 된 것은 그리스도가 다시 돌아오실 수 있도록 그분을 먼저 시편에서 제거하는 방식으로 시편을 새롭게 읽는 방법이었다고 그는 주장한다.[26] 1513년부터 1515년까지 시편을 강의하면서 루터는 프로이스가 "신실한 회당"(faithful synagogue)이라고 이름한 것을 발견한다. 루터 직전의 성서 해석가들은 시편에 두 가지 문자적 의미가 있다고 주장하기 시작했다. 이스라엘 백성의 기도를 다루는 역사-문자적 의미가 있고, 예수의 고난과 죽음과 부활에 관한 예언으로서 예수의 입술에서 읽어내는 예언-문자적 의미가 있다는 것이다. 일단의 중세 해석가들은 두 가지 의미에 동등한 무게를 두고 싶어 했지만, 종교개혁 이전 시편 해석에서 가장 중요한 사람인 파베르 스타풀렌시스(Faber Stapulensis: Jacques Lefèvre d'Étaples [약 1455-1536])는 고린도후서 3:6을 지칭하며 역사-문자적 의미는 죽이는 문자라고 주장했다. 그래서 살리는 영을 지닌 예언-문자적 의미를 선호하여 전자는 어떤 대가를 치르더라도 피해야 할

---

26) James Samuel Preus, *From Shadow to Promise: Old Testament Interpretation from Augustine to the Young Luther* (Cambridge: MA: Belknap, 1969).

것이라 했다. 그는 예수께서 모든 시편을 문자적으로 기도했다고 보았는데, 루터 자신도 "예수 그리스도의 서문"으로 1513년 비텐베르크 대학에서 시편 강의를 시작할 때 이 입장을 취했다.[27]

그러나 루터가 시편을 해석하던 어느 시점에, 그리고 시편 119편에 이르러서는 확실하게, 그에게 이상한 일이 일어났다고 프로이스는 주장한다. 루터가 하나님께 행동하시기를 구하고, 메시아가 오시기를 구하며, 악에 대한 승리를 구하는 신자를 발견한 것이다. 하나님의 아들로서 갑자기 인간을 대신하여 시편으로 기도하시는 예수보다는, 인간, 신실한 이스라엘이 하나님께 간구하는 것이 되었다. 이스라엘이 자신들을 위해 하나님이 간섭해 주시기를 기도한 것처럼, 그리스도인도 지금뿐 아니라 그리스도께서 다시 오시는 세상 끝에도 행동하시기를 하나님께 기도했다. 루터가 죄인이 믿음만을 통해 하나님의 자비로 의롭게 됨을 발견하면 할수록, 모든 시편을 예수의 목소리로 말하게 하는 '유형론적 움직임'에 의지하지 않고, 시편 기자 자신의 목소리를 더 크게 들을 수 있었다. 물론 그리스도께서도 시편으로 기도하셨다. 특히 시편 22편이 떠오른다. 그러나 그분은 단지 구세주로서 인간을 위해 기도하신 것이 아니라, 같은 신자

---

27) WA 3:12-13 (=LW 10:6-7).

로서 인간과 함께 기도하셨다. 따라서 루터의 시편 해석을 움직인 것은, 구약의 그림자에서 신약의 현실로 이루어지는 이동이 아니라, 믿음을 창조하시는 하나님의 약속이었다.

이것이 루터가 1521년 구약성서는 아기 그리스도가 싸인 포대기라고 쓸 수 있었던 이유다.[28] 그런데 제3장에서 분명하게 볼 것이지만, 성서를 구유 또는 기저귀라고 부르는 것은 실제로 성서에 대한 매우 다른 접근법을 제공했다. 이성과 비교할 때 성서의 어리석음에 기대는 방식이다. "우리가 하나님의 말씀에 단단히 붙어 있도록 우리는 구유(즉, 성서)에서 아기를 찾아 나설 준비를 해야만 한다. 그렇지 않으면 견고하게 머물지 않는 덧없는 소문이 있을 뿐이다."[29] 루터는 『교회 설교집』(Church Postil) 크리스마스 복음서 본문의 들어가는 말(요한복음 1:1-14)에서 이미 구약에 무게 중심을 둔다. "이처럼, 그들[사도적 저자들]의 모든 설교는 구약에 기반을 둔다. 구약이 뒷받침하지 않는 한 말씀도 신약에 없다. 신약은 구약의 계시일 뿐이다. 누군가 봉인한 편지를 가지고 있다가 나중에 열듯이 말이다."[30]

1528년에 이르러서는 시편에서 하나님께 올리는 성도의 절규를 듣는다는 이 접근법이 시편 번역 서문에 풍성하게

28) WA 10/1/1:15, 4-5 (=LW 35:122).
29) WA 17/2:312, 17-20.
30) WA 10/1/1:181, 24-182, 1 (=LW 52:41).

표현된다. 성서의 이 놀라운 책 한가운데서 루터는 이제 하나님에 대한 참된 신앙을 발견한 것이다. 그래서 이렇게 쓴다.

> 인간의 마음이란 세상의 양 사방에서 몰려오는 폭풍 바람이 휘젓는 성난 바다에 떠 있는 배와 같다. 이쪽에서 다가오는 재앙에 대한 두려움과 걱정에 부딪히고, 저쪽에 현재하는 악으로 인한 비탄과 슬픔에 내몰린다. 여기서 희망과 행복을 기대하는 바람을 호흡하고, 저기서 현재의 축복으로 인한 안정감과 기쁨이 불어온다. 이 폭풍 바람은 우리에게 솔직하게 말할 것을 가르치고, 마음을 열고, 마음 한복판에 있는 것을 쏟아내라고 교훈한다. 두려움과 궁핍 사이에 끼인 사람은 기쁨 위를 떠다니는 사람과 아주 다르게 불행을 말한다. 슬픈 사람이 웃고, 기쁜 사람이 울면 사람들은 그가 마음에서 우러나오는 행동을 하지 않는다고 말한다. 다시 말해, 마음을 깊게 열지 않아 그 안에 있는 것이 제대로 나오지 않았다고 본다.
>
> 인생의 이 모든 폭풍 바람 가운데 솔직하게 말하는 것보다 더 위대한 것이 시편에 있을까? 찬양과 감사의 시편보다 더 나은 기쁨의 표현을 어디서 찾을 수 있을까? 당신은 시편에서 모든 성도의 마음을 들여다본다. 아름답고 쾌적한 정원, 아니, 천국 자체를 들여다보듯 말이다. 하나님이 내리시는 복으로 인해 얼마나 고급지고 쾌적한 마음의 꽃이 하나님을 향한 온갖 종류의 아름답고 행복한 생각에서 돋아날 수 있는지 볼 수 있다. 반면에 탄식의 시편보다 더 깊고 더 슬프며 가련한 슬픔의 언어를 어디서 찾을 수 있을까? 거기서 당신은 모든 성도의 마음을 들여다보되, 죽음 안을, 그렇다, 지옥 자체를 들여

다보듯 한다. 하나님의 진노에 대한 모든 종류의 불길한 예감으로 인해 얼마나 우울하고 어두운가! 시편들이 두려움과 희망을 말할 때 어떤 예술가도 당신을 위해 그토록 두려움이나 희망을 그릴 수 없고, 키케로나 다른 어떤 연설가도 그토록 표현할 수 없을 지경이다.

그리고 시편 기자들이 이 언어를 하나님께, 하나님과 더불어 말하는 것은 거듭 말하지만, 최고다. 이런 점은 언어에 솔직함과 생명을 두 배로 부여한다. 사람을 상대로 이런 것들을 말할 때는 이렇게 강력하게 마음에서 우러나오지 않는다. 그렇게 뜨겁지도 생생하지도 않고 다급하지도 않다. 그래서 시편은 모든 성도의 책이다. 어떤 상황에 부닥치든지 모든 사람은 자신의 상황과 맞고, 자신에게 편한 시편과 말씀을 발견할 수 있다. 마치 자기를 위해 거기 두신 말씀인 듯 말이다. 독자 스스로 그보다 더 잘 표현할 수 없고, 더 이상의 것을 찾거나 바랄 수 없게 된다.[31]

루터에게 구약 전체는 신자와 죄인, 명령과 약속, 두려움과 위로로 가득하다. 그래서 구약은 세상의 구세주이신 그리스도로 넘치도록 가득하다. 하나님의 약속을 붙드는 성도로 가득하기 때문이다. 구약이 참되신 하나님에 대한 믿음을 고백하므로 따라서 구약은 루터의 격언인 "*Was Christum treibet*"에 해당한다.

31) Charles M. Jacobs의 이 번역(E. Theodore Bachmann이 개정함)은 LW 35:255-56에 나오며, 1528년에 출판된 원본 서문에 기초한다(WA DB 10/1:100, 33-38 and 102, 1-27).

성서만으로?

마지막으로, 권위에 대한 루터의 견해에서 가장 놀라운 점 중 하나는 '성서만으로'(sola Scriptura)라는 유명한 표현에 관한 것이다.[32] 잘 알려진 세 *'솔라'*(sola, -만으로)가 있다. '성서만으로, 은혜만으로, 믿음만으로'(*sola Scriptura, sola gratia, sola fide*)가 그것이다. 영어권 루터란과 다른 개신교도들은 적어도 19세기 이래 루터의 사상을 요약하기 위해 이 표현을 사용해 왔다. 중요한 바이마르판 루터 저작물을 온라인상에서 검색해 보면, 루터가 얼마나 자주 이 표현을 그의 라틴어 저작물에 썼는지 그 사용 횟수를 볼 수 있다.[33] 결과는 어떨까? '은혜만으로'는 200번, '믿음만으로'는 1,200번, 그리고 '성서만으로'는 20번 사용했다. 고작 20번! 그 20번도 자세히 살펴보면 더욱 놀랄 뿐이다. 2번은 루터 자신의 저작이 아닌 그의 적수의 저작이 사용한 것이다. 1518년 카예탄 주교와, 1524년 로테르담의 에라스무스 두 사람은 '성서만으로'에 근거해, 성서만을 사용해 루터와 논쟁할 것을 제의했다. 그래서 18번만 남게 된다.

---

32) 본 장의 이 부분은 약간 다른 형태로 "A Note on 'Sola Scriptura' in Martin Luther's Writings," *Luther-Bulletin* 20(2011):21-31에 출판되었다.

33) 독일어 저작에서도 루터는 비슷한 표현을 사용했다. 그러나 본 연구에서는, 라틴어 용어들의 용례를 살펴보는 것으로 충분할 것이다.

그 나머지 중 몇 개의 경우는 루터에게 성서가 *유일한* 권위라는 의견을 약화시킨다. 가장 두드러진 하나는 유명한 그의 "열세 번째 논제"에 나타난다. 1519년 요하네스 에크가 루터와의 라이프치히 논쟁을 위해 열두 개의 논제를 제안했을 때, (루터는 다른 명제들은 카를슈타트와의 논쟁을 위해 썼지만) 교황의 권위에 대해서 열세 번째 명제를 출판하여, 길게 변호했다. 성서 본문들을 놓고 철저하게 논의한 뒤 그는 "내가 성서만으로 논의하는 것처럼 보이지 않도록"이라고 말한 후, 자기 입장을 지지하는 다른 권위 있는 자료를 제시했다.[34] 여기서 루터는 실제로 자기 명제의 주제인, 교황의 권위가 *하나님의 권리에 의한* 것인지에 관한 질문을 성서만으로 접근하기를 *거절했다!*

1522년 마르틴 루터는 헨리 8세 왕과 일곱 가지 성례전을 옹호하는 왕의 소책자를 공격했을 때 '*sola Scriptura*'에 대해 또 한 번 특이하게 언급했다. 여기서 루터는 성서적 교리와 성서 이외의 교리를 구분한다. 사탄이 자신의 주된 우상인 교황을 통해 교회에 비밀스럽게 심은 다음의 명단을 제공한다. 교황권, 공의회 법령들, 교사들, 면죄부, 연옥, 미사(의 희생), 대학들, 수도원 서약, 우상이 된 주교, 인간 전통, 성인 제의(祭儀), 그리고 새로운 성례전들. 교황권은 특히 성

---

34) WA 2:227, 30-31.

서로부터 완전히 떠났다. 그런 뒤 루터는 교황권 아래 있던 자신의 이전 삶을 회상한다. 그리스도께서 루터의 영(spirit)에게 다른 길을 보여 주실 때까지 교황의 권위를 위해 "내가 성서만으로(*sola Scriptura*)를 기꺼이 삭제할 때"가 그때다.[35] 루터는 교황권 아래 있던 자기 입장이 "성서와 거리가 아주 먼" 것으로 묘사한다.

"성서만으로"에 대한 루터의 가장 정교한 거절 중 하나는 필리프 멜란히톤의 로마서와 고린도전후서 주석에 대한 그의 1522년 서문에 나온다. 루터는 멜란히톤으로부터 차용한, 성서에 대한 이 강의 기록을 출판함으로 성서만을 읽으라는 어떤 초대도 약화하는 것으로 보인다.[36] 그는 바울이 로마 성도에게 보내는 편지에 대한 첫 번째 수사학적 분석을 포함한 이 주석들을 칭찬한 다음, 주석 출판에 대한 멜란히톤의 분명한 반대를 제기한다. "당신은, '해석 없이 성서만을 읽어야 한다'라고 말한다. 오리게네스, 히에로니무스, 그리고 토마스 [아퀴나스]의 해석에 대해서라면 맞는 말이다. 그 사람들은 바울이나 그리스도교적인 견해가 아니라 자기 자신의 견해를 전하는 해설서를 썼다. 아무도 당신의 해설을 주석서라 부르지 말고 성서를 읽고 그리스도를 알기

35) WA 10/2:186, 40-187, 1.
36) Timothy J. Wengert, *Philip Melanchton's Annotations in Johannem in Relation to Its Predecessors and Contemporaries* (Geneva: Librairie Droz, 1987), 33 참조.

위한 지표(index)일 뿐이라고 말하라."[37] 루터 사전에 해석을 배제하는 성경 읽기란 없었다. 반대로, 성경을 위한 지표가 있었다(그 말은, '성서만'이 아니라 그 이상의 무엇이 있었다는 뜻이다). 그 정확한 이유는, 그 지표들이 작가 자신의 견해가 아니라 성서와 그리스도만을 전하기 때문이다. 이후, 창세기 주석에서 "이런 이유로 나는 내 책들을 증오한다. 그리고 혹여라도 독자들이 모든 지혜의 유일한 샘인 성서 읽기를 버려두고 내 책들을 들고 다닐까 두려워 종종 묻어 버릴까도 생각한다"라고 진술했다.[38] 성서가 유일한 지혜라고 하지 않고, 친숙한 인문주의자의 은유를 사용하여 세례반(洗禮盤, 세례에 사용하는 물을 담은 큰 돌 주발, 역자 주)이라고 한 점을 주목하라.

루터는 또 성서만을 기초로 하여 교리를 세운다는 주장의 위험성을 인식했다. 1526년부터 행한 요나서(the Book of Jonas) 강의 서문에서 합당하게도 자신의 동료 유스투스 요나스(Justus Jonas)에게 헌정했는데, "성서만 읽으면 만사형통하다고 약속하고, 그것도 심히 건방지게" 약속하는 사람들을 겨냥해 비판한다.[39] 루터의 마음에 '성서만 읽는 것'(*sola lectio Scripturarum*)은 칭찬할 만한 것이 아니었다. 요나스에게 이미 경고한 대로, 이 사람들(교황주의자들과 아마도 특히 에라스무스)

37) WA 10/3:310,12-16.
38) WA 43:93, 40-94, 3(=LW 3:305-6).
39) WA 19:177.

은 자신들의 비뚤어진 견해로부터 선행 없이 믿음을 통해 얻는 칭의라는 성서적 가르침을 나눌 수가 없었기 때문이다. 동일한 회의론을 보여 주는 예가 1526-1527년에 행한 루터의 요한일서 강의에도 있다. 상황을 보면 그가 권위들을 제거하는 것이 아니라 오히려 성서 해석을 위해 그들을 어떻게 적절히 사용하는지를 보여 준다. 그는 "교회에 순수한 교사가 있다는 것은 매우 드문 일이고, 성서만이 순수하다"라는 말로 시작한다.[40] 그러나 루터가 다른 권위를 거부한 것은 성서만 권위를 가진다고 말하려는 의도는 아니었다. 성서의 순수성은 수도원 서약 같은 것과는 반대로 이신칭의와 관계가 있다. 다시 말해, "그리스도를 강조하는 것"이다!

루터는 1528년 성 삼위일체 주일 후 여덟 번째 주일에 마태복음 7장에 관해 설교하면서 똑같은 문제에 직면했다. 거짓 선지자들, 그리고 성서가 이단의 책이라는 저속한 격언을 다루어야 했다. 이런 말들이 있었지만 그는 "성서만이 남아야 한다"라고 주장했다.[41] 그의 논지는 무엇인가? 성서에 대한 다양한 해석이 있지만 성서를 포기해서는 안 되고, 어떤 해석가가 그렇게 말하는지, 그/그녀의 가르침의 열매는 무엇인지를 유의해야 한다는 것이다. 예수께서는 *양가죽*

---

40) WA 20:745, 2-3(LW 30:295에서는 사용되지 않음, Georg Rörer의 강의 원고에서 인용).

41) WA 27:287, 6.

을 쓴 이리, 다시 말해, (교황주의자들처럼) 합법적인 권위를 주장하는 늑대들에 대해 제자들에게 경고하셨다. 악한 자는 성경을 이용해 시작할 수 있지만, 항상 나쁘게 끝난다. 본문에서 말씀하는 나쁜 열매란 살인이나 간음 따위만이 아니라, "가장 아름답고, 은밀한 거짓"이라는 치명적인 죄라는 말로 그는 이어 갔다. 여기서 다시 성경 해석의 열매를 따져보라는 루터의 강조는 청자에게 율법과 복음을 구분하도록 이끈다. 그래서 해석의 가르침이 믿음의 위로를 가져왔는지 아니면 그저 더 많은 행위를 하게 했는지 묻도록 한다. 아마 우리는 루터가 '*sola Scriptura et fructus eius*'(성서만으로, 그리고 그것의 열매로)라는 원칙을 붙들었다고 바꾸어 말할 수 있다. 따라서 루터에게 '*sola Scriputra*'는 이 세상에 있는 다른 권위 있는 해석 사용을 없애지 않는다. 믿음만으로 의롭게 된다는 성서 자체의 출발지에 관해서는 예외지만 말이다.

물론 루터가 "성서만으로"라는 견해를 지지한 곳도 있다. 그러나 그런 경우에도 그 표현을 마치 융통성 없는 원칙이나 되듯 추상적으로 사용하지 않고, 항상 다른 무엇과 관계된 맥락에서 사용했다. '교황권, 수도원 제도, 공로주의가 아니라 성서만으로'가 루터의 의견이었다. 따라서 야고보서를 부록에 넣을 때 루터가 사용한 기준을 성서적 권위에 관해서도 적용했다. 항상 성서*와 그 열매*의 문제였다. 게다가, "성서만으로"는 실제 기독론적 원칙이었다. 이 책만이 그리스도를 강조한다는 바로 그 점에서 '성서만으로'였다. 따라서, 루터가 야고보서에 대해 세련된 판단을 내리게 한 바로 그 해석의 원칙과 권위가 '성서만으로'라는 표현을 사용하게 했다. 실로 우리는 '성서만으로'를 '그리스도만으로'로, 그리고 같은 표현인 '말씀만으로'(*solo Verbo*)로 바꾸는 것이 낫다. 이 경우, 루터에게 '말씀'은 단지 성서가 아니라 성서의 선포다.[42] 따라서 1522년에 이미 루터는 교회에 대해 말하면서 '붓의 집'이 아니라 '입의 집'이라고 쓸 수 있었다.[43] 하나님의 말씀은 책 안에 갇혀 있을 때가 아니라 "당신을 위하여" 선포될 때 하나님의 말씀이다. 사람을 위하지 않으면 아무것도 아니다.

루터는 1520년 (교황의 파문 칙서에 대항하여) 쓴 『모든 조항의 주장』(*Assertion of All Articles*)에서 교부들의 결함을 지적한 뒤, "[그들] 모두보다 더 많이 배운 사람으로 간주되고 싶은 것이 아니라, 성서만이 다스리길 원한다. 또한 나의 영이나 다른 어떤 인간의 영에 의해 해석되지 않고, 성서 자체를 통해서, 그리고 성서 자체의 영에 의해 이해되길 원한다"라고 진술했다.[44] 이것이 어떤 환원주의자 같은 방식으로 "성서만"

---

42) Willem Jan Kooiman은, *Luther and the Bible*, trans. John Schmidt(Philadelphia: Muhlenberg, 1961), 42쪽에서 말한다. "'성서만으로'는 '그리스도만으로'와 같다. 그리고 그것은 다시 '은총만으로'와 '믿음만으로'와도 같다."

43) WA 10/1/2:48, 5, cited in Eric W. Gritsch, *Martin—God's Court Jester: Luther in Retrospect* (Philadelphia: Fortress, 1983), 98.

사용하라는 호소가 전혀 아니라는 점은 루터의 다음 문장에서 증명된다. 자신의 입장을 정당화하고 승인하기 위해 그는 성서에 호소하는 아우구스티누스를 언급한다. 게다가 루터의 요지는 단지 성서의 한 구절이 다른 구절을 해석하도록 하는 것이 아니라, 중요한 요점에 대해 성서가 자신의 해석자가 되도록 한다는 것이다("자신을 통해, 그리고 그것의 영에 의해"라는 원칙이다). "그것의 영에 의해"라는 표현은 스스로를 인증하는 성서를 가리킨다. 다시 말해, 율법과 복음이 사람들에게 하는 일(즉, 제2장에서 보게 될, 신자를 만드는 일)을 통해 인증한다.

또 다른 설교도 루터가 어떻게 믿음과 성서를 연결하는지를 훌륭하게 보여 준다. 1529년 부활절 후 첫 수요일에 고린도전서 15장을 설교하면서, 루터는 "성경대로"(고전 15:3)라는 표현에 대해 논평했다. 이성은 "이 냄새나는 몸 안에 태양 같은 새로운 생명을 두신 것"을 이해하지 못했다. 루터의 청중 한 사람은 자신의 노트에서 라틴어로 회고하며 "성서 안에만 머무르는 것이 믿음에 자양분을 공급한다"고 썼다.[45]

---

44) WA 7:98, 40-99, 2. 크리스토퍼 스페르(Christopher Spehr)는 루터와 공회에 관한 책(*Luther und da Konzil* [Tübingen: Mohr Siebeck, 2010], 261)에서 루터의 『모든 조항의 주장』(*Assertio omnium articulorum*)을 오해하고, 개혁자가 자신의 권위에 대한 견해를 성서로 좁혔다고 추정한다. 그런데 그가 인용한 바로 그 구절(WA 7:100, 12-14)이 반대 사실을 증명한다. 즉, 성서와 교부들의 증언은 권위를 가지지만 수준이 같지는 않다는 것이다. 루터의 말이다. "그렇지만 [성서에 대한] 이 논의를 통해 교부들로부터 권위를 치워 버리고 그들의 거룩한 수고를 배은망덕으로 갚고 싶은 것이 아니라, 성령님의 자유와 하나님 말씀의 왕권에 더 높은 권위를 두려는 것이다."

여기서 다시 루터는 신학적으로 참된 진술을 세우기 위해 원칙을 제공하는 대신, 믿음을 향상하는 것, 즉 "*그리스도를 강조하는 것*"에 호소한다.

성서와 그 권위에 대한 루터의 견해는 『탁상담화』에 보존된 두 개의 대화가 요약한다. 1533년 루터는 자신의 삶을 회고하면서, 사후에 무엇을 남길 것인지 말했다.

> 만일 하나님이 바로 이 시간 또는 내일 나를 데려가길 원하시면, 내가 남길 것은 이것이다. 그리스도를 나의 주인으로 인정하길 바라는데, 성서에서 그렇게 하기 때문만이 아니라 내 경험을 봐도 그렇다. 그리스도의 이름은 아무도 나를 도울 수 없을 때 자주 나를 도우셨기 때문이다. 결국 나를 위해서 실체와 말씀, 즉 경험과 성서가 있다. 그리고 하나님은 둘 다 정말 많이 주셨다. 그러나 공격으로 나는 괴로웠다. 그렇지만 그것조차 내게 유익했다.[46)]

성서*와* 믿음의 경험은 루터를 성서 신학자로 만드는 데 공조했다. 루터는 또 자신의 원수라면 자신이 견딘 종류의 공격을 절대로 견딜 수 없을 것이라고 주장한다.

두 번째 예는 1538년으로 거슬러 간다. 비텐베르크 신학

---

45) WA 29:331, 15-17 (cf. Martin Luther, *The 1529 Holy Week and Easter Sermons of Dr. Martin Luther*, trans. Irving L. Sandberg [St. Louis: Concordia, 1999], 175).
46) WA TR 1:240 (no. 518)(=LW 54:94).

자들이 '*성서만으로*'를 직접 논의한 흔치 않은 순간을 보여 준다. 유스투스 요나스는 "성서는 우리가 완전하게 배울 수 없는 그런 지혜를 포함한다"고 말했다. 루터는 "우리는 정말 거룩한 성서의 학생으로 남아야 한다"고 답변했다.[47] 그는 이어 동료들에게 베드로전서 4:13("고난에 참여하는 것으로 즐거워하라")을 해석할 수 있으면 해 보라고 한 뒤, 그가 쾌락주의자(Epicureans)로 부르는 이들, 그리고 성서를 한 번만 읽고 모든 것을 안다고 하는 교만한 자들을 비판했다.

따라서, 믿음과 십자가의 경험 없이 성서만을 읽음으로써는 진리에 이를 수 없고, 약한 자를 그릇 인도한다. 성서를 고갈되지 않는 샘으로 대할 때에야 성서는 성서 자체를 떠나 십자가 아래, 그리스도 안에 있는 믿음으로 이끌 것이다. 성서를 죽이기도 하고 살리기도 하는 하나님의 말씀으로서(고후 3:6), 그러므로 우리의 범주, 원칙, 또는 증거 텍스트로 사용되는 데 굴복하지 않는 것으로서 대할 때 말이다. 성서에 대한 이같이 더 활기찬 견해가 우리의 어제오늘 케케묵은 생각을 우리 주 그리스도와의 생생한 만남으로 바꿔 주길!

47) WA TR 4:27 (no. 3946).

2

방법론

죽는 것과 사는 것

루터와 그의 추종자들은 성서 해석을 위한 독특한 방법을 개발했다. 현재 미국 그리스도인들이 사용하는 방법과는 너무 다르고 생경해서, 루터의 후예들은 종종 그것을 논하는 것조차 난처하게 여길 정도였다. 이번 장에서는, 어떻게 기쁜 소식을 나쁜 소식으로 만들 위험이 다른 성서 해석 방법들에 늘 있는지를 보일 것이다. 그런 뒤 율법과 복음을 조심스럽게 구분하는 루터 자신의 성서 접근법이 어떻게 발전했는지를 추적할 것이다.

돌로 치기에 관한 교훈적 이야기

이 접근법이 얼마나 혁명적인지 보려면, 간음한 현장에서 잡힌 여자 이야기를 어떻게 해설할 수 있는지 고려해 보면 좋겠다. 오늘날의 성 윤리가 못마땅한 혹자는 말한다. "그런 사람을 우리 교회가 용서하지 말아야 한다는 것이 아니라, 요한복음 8장의 예수를 본받아 우리는 '가서 다시는 죄를 범하지 말라'고 그들에게 말해야 한다. 당신의 생각은 어떤가?" 이에 대해 어떻게 *생각하는가?* 이것이 본 절을 읽는 바른 방향인가? 죄인을 만나면 그들을 유죄 판결에서 풀어주고, 다시 그렇게 하지 말라고 하면 되는가? 어떻게 생각하는가?

사실 이런 해석은 새롭지 않으며, 그 구절과 다른 부분에 대한 성서 해석의 매우 긴 전통의 대열에 서 있다. 그리고 우리가 종종 깨닫지 못하지만, 이 성서 본문 해석에 사용한 방법은 도덕적인 설명일 *뿐이고*, 극단에 치우치면 율법주의가 된다. 다시 말해, 율법이 주도하는 해석 방법이다. 그런데 다른 이에게는 율법을 적용하면서도 해석자 본인에게는 적용하지 않는 방식으로 이뤄진다. 이 방식의 규칙은 간결하고 매혹적이기까지 하다. 첫째, 예수는 우리가 따를 모범이 되신다. "WWJD"('예수라면 어떻게 하실까?'로 알려진 "What Would

Jesus Do?"의 머리글자, 역자 주)는 성경 해석에 관한 한 영미 신학권에서 가장 파괴적인 4개의 알파벳이다. "예수라면 어떻게 하실까?"라는 질문은, 성서에서 예수(또는 아무 성자)에 대해 무엇을 기술하든지, 죄 다 "해야 하는 것"으로 만든다. 예수께서 죽으셨는가? 우리도 남을 위해 죽어야 한다. 예수께서 오병이어의 기적을 행하셨는가? 우리도 남과 나누어야 한다. 예수께서 여인에게 경고하셨는가? 우리도 남에게 경고해야 한다. 예수께서 자비로우셨는가? 우리도 자비로워야 한다. 예수께서 우리의 본보기가 되실 때, 우리는 다시 한번 앞 장에서 설명한 다음과 같은 라틴어 동명사와 묶여 옴짝달싹 못 하게 된다. *반드시* 믿어야 하고, 행해야 하며, 소망해야 하는 것(credenda, agenda, and speranda).

종교개혁 초기에 이미 마르틴 루터와 필리프 멜란히톤은 (그들의 말로) 우리가 단지 예수를 또 하나의 모세, 즉 율법 부여자로 만들지 않아야 함을 *강조했다.*[1] 물론 예수는 본(*exemplum*)이 되신다. 그 용어를 만든 아우구스티누스 때부터 전체 서방 그리스도교 전통은 그렇게 말했다. 그러나 훨씬 더 중요한 것, 아니 루터가 이미 『그리스도인의 자유』에

---

1) 성탄절기를 위해 정해진 주일 본문에 대한 루터의 첫 번째 주석 서문을 참조하라. 『성탄절 설교집』(*Weihnachtspostil*)에 있다. 다음 제목을 참조하라: "A Brief Introduction, What One Should Search for and Expect in the Gospels" (WA 10/1/1:10, 20-14, 15 [=LW 35:113-24]).

서 주장했듯, 중심되는 것은 아우구스티누스가 강조한 다른 것이다. '예수는 또한 사크라멘툼(*sacramentum*, 하나님으로부터 오는 구원의 선물)이었다'는 점이다. 예수라면 어떻게 하실까? 그분은 당신의 머리를 쥐어박으시며, "그만해! 나를 더는 율법 부여자로 만들지 말라고! 너나 네게 소중한 규칙, 그리고 그걸로 다른 사람들을 호되게 꾸짖는 게 중요한 것이 아니야. 하나님의 은총과 자비의 문제야"라고 하실 것이다. 실제로 간음하다 잡힌 바로 이 여인의 이야기에서, 예수께서 하시는 일이 바로 그 일*이다*. 우리가 그걸 믿을 수 없고, 들을 수 없을 뿐이다.

결국 이 이야기에 대한 팽배한 율법적 해석은 항상 우리가 예수의 본을 따르는 것이 중요하다는 것이다. 그러나 둘째, 이 접근법은 또한 항상 판단을 해석자로부터 굴절시켜 율법으로 다른 사람에게 공격을 퍼붓게 한다. 누가복음에 나오는 예수의 비유에서 형이 좋아하는 오락이 그것이다. 그는 아버지가 왜 동생 같은 배교자에게 그렇게 잘해 주는지, "코튼 패치 가스펠"(*Cotton Patch Gospel*, 클래런스 조던[Clarence Jordan]이라는 신약학자이며 그리스도교 공동체 설립자가 신약성서를 20세기 중반 미국 남부의 분위기에 맞게 각색하여 번역한 것, 역자 주)의 표현을 빌리자면 자신에게는 왜 친구와 4-H 송아지(북미의 농촌에서 아이들에게 자립심을 길러주기 위해 송아지를 길러 해마다 열리는 4-H 박람회에 참여하게 하는데, 아이가 돌본 송아지를 지칭, 역자 주) 구이를 절대 못하게 하는지 깨달을 수가 없었다. 우리가 요한복음 8장의 이야기에서 쉽게 하는 실수다. 다음을 고려해 보라. 요한복음의 최초 사본에서는 발견되지 않고 이따금 누가복음 사본들에서 발견되는 이 이야기는, 무엇을 쓰셨든지 땅에 쓰신 것을 제외하면 예수께서 하신 세 마디를 전한다. 첫째, 여인을 정죄하려던 사람들에게 돌질을 허락하신다. 그런 뒤 여인에게 선언하신다. 마지막으로 초대하신다. 그래서 예수는 어떻게 하셨는가?(WDJD: What did Jesus do?) 간단하다. 허락, 선포, 그리고 초대.

이 본문에서 예수의 첫 마디를 쉽게 홀대할 수 있다. 사실 그 한마디는 불쌍한 여인에게 돌질하려 했던 팔레스타인 남자 무리뿐 아니라, 다른 사람을 정죄하려는 *어떤* 사람도 포함하도록 일반화할 수 있는 말이다. "너희 중에 죄 없는 자가 먼저 돌로 치라." 맞다. 모든 사람이 바로 자신인 하나님의 아들로부터 남을 판단할 수 있는 허락을 받는다. 그러나 여기에는 작은 꼬리표가 있다. 죄가 없어야 한다는 것이다. "아이고! 오늘은 안 되겠군. 내일 두고 보자. 어머니가 부르시는 것 같아." 그런 식으로 군중은 흩어졌다. 무슨 일이 일어났는가? 예수께서 율법을 전하시자 효과가 있었다. 율법을 전하는 것은 사람들이 죄책감을 느끼게 하는 문제가 아니다. 남을 정죄하는 문제가 아니다. 심지어 단지 직설법 대신 명령법으로 말하는 것도 아니다. 그보다는, 율법으로 설교하는 것은 단순히 인간 상황에 대한 진실을 말하는 것이다. 또는, 알코올 중독 치료자 모임(AA)의 은유를 빌리자면 율법을 전하는 것은 '방 안에 있는 코끼리'에 대해 언급하는 것이다. 다시 말해, 말할 수 없는 것을 말하는 것이다. 여기서는 그게 무엇인가? 말할 수 없는 것은 외식이다. 다른 사람을 죄인이라 선언하면서 자신의 죄를 덮으려는 절박한 몸부림이다. 그래서 "죄 없는 자가 먼저 돌로 치라"는 허락 한 마디에, 갑자기 군중이 흩어진다. 간음한 여자와 남자에게 돌을 던지도록 허락했고, 이 관심 있는 시민들이 다른 사람들에게 사용하길 원했던 율법을 예수는 단지 허가서의 형태로 정죄하는 사람들에게 사용했다. "네가 죄가 없느냐? 그럼 시작해라!" 그리고 이야기 속 그 한마디는 우리 모두에게 적용된다. "가서 다시는 죄를 범하지 말라"는 표현을 이 시대의 민감한 사안에 연루된 사람에게 던질 또 하나의 돌로 사용하길 우긴다면, 허락이 떨어졌다. *만일* 우리에게 죄가 없다면.

물론 여기서 사람들은, 아마도 특히 설교자들은 우려할 것이다. "율법은 전혀 말할 수 없는가? 우리 교회에서 확실히 일어나는 그 모든 얌전치 못한 일은 어떤가?" 루터의 말을 빌리자면, "아, 이제야 고기 굽는 냄새가 나는가?" 본문에서 율법이 선포되었고, 예수는 그것을 제거하지 않으시지만, 고소인들을 향해 사용하시지, 다른 이, 이를테면, 현행범으로 잡혀 온 폭로된 죄인을 향해 사용하시지 않는다. 율법에서 벗어나는 인간의 기술은 놀랍다. 율법은 실제 나를 정죄하는데, 우리는 타인 때문에 율법의 온전함을 유지하는 데 크게 관심을 기울인다. 결국, 판단하는 것을 금지하는 율법보다 더 큰 법이 어디 있겠는가? 남을 판단하는 것을 금지하는 율법은 에덴동산까지 거슬러 올라간다. "하나님과 같이 되어 선악을 알"(창 3:5) 것이라는 최초의 유혹 말이다.[2]

우리의 율법주의의 중심에는 자기 숭배라는, 제1 계명을 범하는 문제가 도사리고 있다. 요한복음에 나오는 이 이야기에 문제의 요지가 있다. (우리처럼) 자기 판단을 피하는 데 여념이 없는 어떤 해석자들은 예수께서 단지 땅에 계명들을 쓰고 계셨고, 곁에 서 있던 사람들은 자신이 어긴 계명을 보고 떠났다는 식으로 상상한다. 정말 그랬다면 그분이 쓰셨어야 한 계명은 "다른 신을 네게 두지 말라", "먼저 너 자신의 눈에서 들보를 빼라", "판단하지 말라"는 명령 하나뿐이었으리라. 여인은 여섯 번째 계명을 어겼지만, 그녀를 정죄한 자들은 심판자의 자리를 넘봄으로 첫 번째 계명을 어겼다. 그리고 율법은, 무엇보다 그 점을 드러내고 정죄한다.

---

2) 히브리어로 "선악을 알다"라는 문자적 표현은 성서에서 세 번 나온다. 창세기 3장 외에, 바르실래가 다윗왕에게 돌아가도록 허락해 주길 요청하며 한, "좋고 흉한 것을 분간할 수 있사오며"(삼하 19:35)라는 말이 있다. 또 이사야가 예언한 아이가 선택의 나이에 이르지 못할 것이라고 한다. 다시 말해, "악을 버리며 선을 택할 줄 알기 전"에 유다를 위협하는 왕국이 황폐해질 것이다(사 7:15-16). 따라서 선악을 *아는 것*보다, 상황을 도맡아 무엇이 옳고 그른지를 결정하는 것이다. 우리는 아마도 에덴의 이 나무를 "무엇이 옳고 그른지를 나 자신이 결정할 수 있음"이라고 불러야 할 것이다.

선포와 초대라는, 예수의 서로 다른 두 말씀은 이 이야기가 사용돼 온 방식의 세 번째 문제를 드러낸다. 율법주의는 하나님의 약속을 이웃에게 적용하는 것을 늘 어렵게 만들고, 율법과 복음 사이에서 항상 혼란을 느끼게 한다. "너를 정죄하는 자가 없느냐?"라고 예수는 질문하시며, 성경에서 가장 놀라운 역설 중 하나를 준비하신다. "나도 너를 정죄하지 아니한다." 판단하길 좋아하는 죄인이 끼어든다. "그렇지만 주님, 주님은 죄가 없으시잖아요." 예수에 관한 이 이야기가 어떤 후대 저자에 의해 슬쩍 삽입되었다 하더라도, 이 본문은 이제 세례 요한의 선언("보라 하나님의 어린 양이로다"[요 1:29, 36])과 복음서 저자 자신의 증거 사이에 자리 잡고 있다. 유월절 어린양들이 성전에서 희생되던 바로 그 순간에 '그 흠 없는 어린 양은 뼈 하나도 꺾이지 않고' 희생되셨다(요 19:36). 첫 돌을 던지실 수 있는 유일한 그분이 여기 계시지만, *그렇게 하지 않으신다*. 무슨 일이 일어나고 있는 걸까?

예수께서 정죄하지 *않으시*는 것이 얼마나 비합리적인지 깨달을 때에야, 우리는 마침내 예수의 질문("너를 정죄한 자가 없느냐")과 선언("나도 너를 정죄하지 아니하노니") 사이의 틈새가 얼마나 큰지 들을 수 있다. 그리고 그 틈새는 십자가로 메워진다. "나도 너를 정죄하지 아니하노니"라는 말씀은 지붕을 통해 내려진 사람에 대한 용서(막 2), 베드로의 부인(否認)에 대한 용서(요 21), 자신을 못 박은 이들을 향해 십자가상에서 행하신 용서와 같다(눅 23). 정죄를 폐하시는 그분의 행위는 군중의 행동과 전적으로 다르다. 그들은 죽이려고 들었던 돌을 떨어뜨리고, 자신의 죄에 대해 중얼거리며 슬그머니 자취를 감춘다. 예수께서 그 순간에 하시는 일은, 간단히 말해 율법을 끝내는 것이다. 완전히 끝내는 것이다. 왜냐하면 여기서 여성의 형 집행을 일시적으로 유예하고("죄 없는 자가 먼저 돌로 치라") 법을 유지하는 것은 더 이상 문제가 아니기 때문이다. 그렇다, 율법은 이제 끝났다. 정죄하실 수 있는 유일한 분, 첫 돌을 던지실 수 있는 분이 그렇게 하지 않으신다! 한 번도 들은 적이 없으나 이 이야기를 전적으로 이해하는 사도 바울은 "그러므로 이제 그리스도 예수 안에 있는 자에게는 결코 정죄함이 없나니"(롬 8:1)라고 기록한다. 놀라운 말이다! 이 여인은 그리스도 예수 안에 있고, 그분의 음성이 들리는 곳에 있는 모든 죄인도 그러하기에, 그녀나 판단하는 죄가 있는 우리에게나 정죄함이 없다. 예수의 입술에 있는 복음은 그저 긍휼과 은총으로 가득하신 하나님에 대한 진리를 말한다.

오직 그런 관점에서만 예수의 마지막 말씀이 이해될 수 있다. 그분의 선언으로부터 초대를 분리한다면, 살라는 소명으로부터 정죄와 율법을 끝내신 것을 분리한다면, 모든 것은 항상 왜곡될 뿐이고 청자를 이런저런 형태의 지나친 율법주의로 몰아갈 것이다. 죄지으면서 흥청대거나, 아니면 초청의 말씀을 남들을 흠씬 두드려 패는 몽둥이로 사용할 것이다. 상상할 수 없는 것—믿기조차 불가능한 것!—은 예수께서 죄인인 인간에게 정죄함 없이 살라고 초대하신 것이다. 남에게 돌을 던지고 정죄하는 데 합세하길 원할 때 우리에게 남은 것이란 자신과 남에 대한 정죄뿐이다. "가서 다시는 죄를 범하지 말라"는 이 초대는, 남에게 던질 돌을 쥐고 있는 동안에는 우리에게 선언되지 않는다. 우리를 고발하던 이들이 빌딩을 떠나고, 세상의 구세주만 계신 그 자리에서 우리가 힘없이 무릎 꿇고 있을 때에만, 그리고 "나도 너를 정죄하지 아니하노니"라는 그분 선언의 능력을 통해 믿음으로 충만할 때에만 선언된다. 그제야 그 말씀이 더는 남을 향한 정죄의 말이 아니라, *우리에게* 주시는 초대가 된다.

예수께서는 우리에게 "가서 다시는 죄를 범하지 말라!"는 이 초대의 말씀을 하신다. 이것이 분명해지면 어떤 일이 일어나는가? 제일 먼저 그 초대는 재빨리 우리 손에서 벗어나고, 우리는 율법만 듣는다. 다음의 실험을 고려해 보라. 예수께서 바로 지금 당신에게 "가서 다시는 죄를 범하지 말라!"고 말씀하신다. 그러면 당신은 어떻게 반응하는가? 남을 판단하는 죄인은 "네?"라고 대답한다. 죄 용서의 선포를 들었을 주일 이후 당신은 어떻게 살고 있는가?[3] "아이쿠."

3) 이 나라 루터교회에서 매 예배를 죄의 고백과 사면으로 시작하는 것이 전통이다. 물론 어떤 교회는 목회자가 조건 없는 용서의 말씀을 선언하는

당신이 즐겨 짓는 죄로 인해 머리채가 잡힌 채 광장에 끌려 나온 느낌이 드는가? 돌 던질 사람에게 둘러싸인 자신을 보는가?

"어떻게 살고 있는가?"라는 질문만으로 초대를 망친다면, 초대가 사라진 뒤에는 무슨 일이 일어나는가? 여기서 실험은 개인적인 일이 된다. "가서 다시는 죄를 범하지 말라!" 요즘 어떻게 사는가? 어떤 이는 "요즘 별로 잘하지는 못했는데, 시간을 좀 더 주시면, 좀 더 노력해서…"라고 할 수도 있다. 자신에게 적용했을 때 이 초대가 얼마나 빨리 연자방아(treadmill), 아니 심지어 맷돌로 변하는지 놀랍다. 그러나 이 이야기의 놀라운 점은, 초대가 정죄로 변할 때 다시 우리를 정죄함이 없는 그 한 분께로 몰아간다는 사실이다.

그런데 만일 누군가가 "글쎄, 요즘 난 괜찮게 사는 것 같아. 특히 누구누구랑 비교하면 말이야"라고 말하면 어떻게 될까? 그러면 초대는 다시 다른 사람을 정죄할 수 있는 구실로 변해, 완전히 다른 방식으로 사라진다. 그러면 "가서 다시는 죄를 범하지 말라"는 말씀은 더는 우리에게 주시는

것("죄가 사하여졌음을 선포하노라")을 한 번도 듣지 못한다. 그런 교회들은, 그 선언을 죄인에게 적용될 수도 있고 그렇지 않을 수도 있는 가정법적인 틀("하나님이 용서하시길!")에 넣거나, (정죄와 율법만 있는 교회들을 흉내 내어) 고백과 용서는 고스란히 누락시키고 더 나은 삶을 살라는 훈계로 대치하기도 한다. 초기 루터란이 사용한 "사면의 성례"의 중심성을 보려면 다음 문헌을 참고하라. Timothy J. Wengert, *A Formula for Parish Practice: Using the Formula of Concord in the Parish*(Grand Rapids: Eerdmans, 2006), 16-46.

초대가 아니라 남에 대한 정죄가 된다. 그러면 우리는 예수께서 죄가 없다면 심판하라고 허락하신 고소인 가운데 다시 서게 된다. 물론 남을 판단하는 것은, 자신을 선악을 결정하는 하나님으로 만드는 것이므로 가장 큰 죄다.

아니 그렇다면, 이 초대가 어떻게 그대로 남거나, 진정한 초대가 되는가? 실험을 계속해 보자. 예수께서 이 순간, "나도 너를 정죄하지 아니하노니 가서 다시는 죄를 범하지 말라"고 말씀하신다. 다시 말해, 더는 꼭 죄를 *지어야만* 하는 것은 아니다. 만일 율법과 정죄가 풀리지 않았다면, 당신은 죄를 지어야만 한다. 그런데 이제 그리스도 안에서 정죄함이 없다. 어떤 이는 "아니, 그런 식으로 나라를 운영할 수는 없죠!"라고 반응할 것이다. 맞는 말이다. 그러나 예수의 관심은 (아래 율법의 첫 번째 용례에서도 보겠지만) 헌법과 형법 강화에 있지 않고, 아주 다른 것에 있다. 세례의 물, 떡과 포도주, 그리고 말씀 가운데 탄생하는 새로운 세상에 관심이 있으시다. 율법과 정죄가 최종적으로 끝나고, 하나님이 "우리를 거스르고 불리하게 하는 법조문으로 쓴 증서를 지우시고 제하여 버리사"(골로새서 2:14) 못 박으신 그 십자가 위에 시작되는 새 세상이다. 우리가 그 새 세상의 가장자리에서 살아갈 동안, 우리에게 정죄함은 없다. 그러니 이제 가서, 다시는 죄를 짓지 말라.

조건 없는 용서를 선언하는 것, 율법의 종말과 살라는 초대를 선언하는 것은 모험적인 일이다. 만약 사람들이 이것을 믿는다면? 물론 사람들이 죄 사함이 선언될 수 있다고 믿지 못한다면, 모든 설교자가 죽음을 맞을 것이다! 만일 목사들이 섬기던 교회에서 전에는 실패했다고 생각한다면, 그들에게 무조건적인 죄 용서를 선포하게 해 보라. 그 일이 그들을 어디로 이끄는지 보라. 예수는 신성모독으로 고소를 당했고 끝내 죽임을 당하셨다(막 2:1-12 참조).

만약 누군가가 이 선언과 초대를 듣고서도 나가서 다시 죄를 지으면 어떻게 되는가? 그럴 수도 있다. 그러면 어떻게 해야 할까? 글쎄, 경우에 따라 다르다. 만일 어떤 사람의 형제나 자매가 개인적으로 그 사람에게 죄를 짓는다면, 죄마다 하루에 490번까지 용서할 수 있다는 뜻이다. 만일 죄가 다른 이, 하나님께 지은 것이면 어떻게 되는가? 물론 목사는 사람들이 하나님께 지은 죄를 용서하는 일에 종사한다. 예수께서는 결국 "너희 말을 듣는 자는 곧 내 말을 듣는 것"(눅 10:16)이라고 하신다. 요한복음 20:23의 표현을 빌리자면, 목사가 이 땅에서 무엇을 사하면 하늘에서도 사하여질 것이다. 죄인에게 하나님의 용서를 선포하는 일에는 제한이 없고, 여기에는 다른 사람을 판단하는 죄의 용서도 포함된다. 예수께서 "가서 다시는 죄를 범하지 말라"고 하실 때 믿음의 형제나 자매에게 "가서 다시는 용서하지 말라"고 하신 것이 아니다.

율법과 복음 구분하기

루터의 성서 해석법은 간결하다. 성서를 합당하게 구분 짓는 것, 즉 율법과 복음의 구분이다. 이것이 문제의 핵심이다. 루터는 이 용어들을 적어도 1519년 출간할 때부터 그가 세상을 떠나는 날까지 줄곧 사용했다. 이 둘 사이의 구분을 이미 필리프 멜란히톤의 1521년 신학 교재 『기본적 신학 주제들』(*Loci communes theologici*)에서 발견할 수 있고, 그의 나머지 인생 여정에서도 마찬가지다. 실로 멜란히톤은 성서에 대한 해설서를 쓸 때마다 서론에서 먼저 이 둘의 구분에 대해 썼다. 루터 성서 완성본의 후대판들을 장식한 목판화에도 루터의 생애 전체에 걸친 율법과 복음의 구분이 표현돼 있다. 독자가 한 글자라도 읽기 전에 성서를 이해하는 데 어떤 방법을 사용해야 하는지 시각적 정보를 준 것이다. 그런데 이 구분을 사용한 것은 비텐베르크의 초기 개혁자들만이 아니었다. 율법과 복음은 마르틴 켐니츠(Martin Chemnitz), 요아킴 뫼를린(Joachim Mörlin), 마티아스 플라시우스(Matthias Flacius), 그리고 게오르크 마조르(Georg Major) 같은 2대 루터란 신학자에게조차 중요했다. 초기 루터란 성서 해석자들을 모든 주석가와 구분하는 것은 이 개혁의 중심 개념이었다. 이것은 또한 미국의 C. F. W. 월터(C. F. W. Walther), 로버트 버트럼(Robert Bertram), 그리고 게르하르드 포르데(Gerhard Forde), 독일의 베르너 엘레르트(Werner Elert), 오스발트 바이어(Oswald Bayer), 그리고 게르하르트 에벨링(Gerhard Ebeling) 등 후대의 많은 루터란에게도 계속해서 중심이 되었다.[4)]

율법과 복음의 구분이 어떻게 작용하는지 이해하려면, 율법과 복음을 정의하는 데 세 가지가 있다는 점과, 세 번째 정의만 이 방법의 핵심임을 깨달아야 한다. 첫 번째, 사람들은 단지 약속으로부터 계명을 구분하기 위해 율법과 복음을 사용한다. 성서가 명령형과 직설형으로 가득한 것은 사실이지만 이것은 핵심을 놓치는 것이다. 따라서, 어떤 사람이 계명이 포함된 본문을 읽다가, "그래, 이것은 틀림없이 율법이야"라고 한다면 아직 정말 중요한 것을 말하지 않은 것이다.

두 번째, 이것은 루터 자신이 이 구분을 쉽게 설명하기 위해 찾은 방법에서 나왔다. 이따금 율법과 복음은 신약(복음)과 구약(율법)을 구분하는 것으로 정의된다. 케네스 헤이건

---

4) C. F. W. Walther, *The Proper Distinction between Law and Gospel: Thirty-Nine Evening Lectures*, trans. W. H. T. Dau (St. Louis: Concordia, 1929); Robert W. Bertram, *A Time for Confessing*, ed. Michael Hoy (Grand Rapids: Eerdmans, 2008); Gerhard Forde, *Theology is for Proclamation* (Minneapolis: Fortress, 1990); Werner Elert, *The Structure of Lutheranism,* 2n[d] ed. trans Walter A. Hansen (St. Louis: Concordia, 1962); Oswald Bayer, *Theology the Lutheran Way*, ed. and trans. Jeffrey G. Silcock and Mark Mattes (Grand Rapids: Eerdmans, 2007); Gerhard Ebeling, *Luther: An Introduction to His Thought*, trans. R. A. Wilson (Philadelphia: Fortress, 1970).

(Kenneth Hagen)이 히브리서에 대한 루터의 해석 연구에서 말하는 대로, 이 방법은 우리가 "구"(old)와 "신"(new)을 강조하지 않는다면 루터에게만 잘 통하는 방법이다.[5] 다시 말해, 이 방법은 이 단어들이 성서의 특정한 책과 상관없고, 그리스도 이전 혹은 이후에 기록되었는지와 상관없다는 점을 깨달을 때만 통한다. 대신, 아래에서 분명해지겠지만 *율법*과 *복음*이라는 용어는 옛 피조물(율법)과 새 피조물(복음)에게 하신 하나님의 말씀이라는 것과 관계있다.[6]

그렇다면 개혁자들에게 율법과 복음의 구분은 대체 *무슨* 의미가 있었을까? 이제 우리는 율법과 복음을 구분하는 세 번째 방법에 이르는데, 이 방법은 루터의 개혁에 대한 중심적 통찰에 도달할 수 있게 한다. 성서를 하나님의 말씀으로 이해한다는 것은, '본문이 무엇인지 또는 무엇을 의미하는지 또는 정경 안에서 본문의 상대적 위치는 어디인가?'의 문제이기보다, '본문이 독자에게 무엇을 *하는가?*'의 문제다. 개혁자들은 *율법*과 *복음*이라는 용어를 사용할 때 하나님의 말씀이 실제 어떻게 청자에게 작용하는지 살폈다. 더 좋게

---

5) Kenneth Hagen, *A Theology of Testament in the Young Luther: The Lectures on Hebrews* (Leiden: Brill, 1974). (영어권에서 대문자를 사용함으로 신약[New Testament]과 구약[Old Testament]을 표기함, 역자 주)

6) 이 혼란스러운 용어를 다룬 다음의 문헌을 참고하라. Heinrich Bornkamm, *Luther and the Old Testament*, trans. Eric W. and Ruth C. Gritsch (Philadelphia: Fortress, 1969), 81-87.

말해, 하나님이 우리에게 계명과 약속을 어떻게 사용하시는지 관찰했다.[7)]

먼저 율법을 보면, 개혁자들은 하나님이 율법을 독특한 두 가지 방식으로 사용하심을 깨달았다. 율법의 첫 번째 또는 시민적 용례는 하나님이 질서를 유지하고 악을 억제하기 위해 사용하시는 것과 관련 있다(아래 참조). 이 세상과 하나님의 선한 창조와 연결되는 용례다. 법관, 사법과 감옥, 멈춤 신호와 교통 위반 고지서의 세계와 결부돼 있다. 두 번째 또는 신학적 용례는 초기 루터란에게는 율법의 주된 용례인데, 하나님이 어떻게 죄를 드러내시고, 안락하고 자기만족에 빠진 자를 두렵게 하시며, 옛 자아를 죽이시는가의 문제다. 사도 바울이 "율법 조문은 죽이는 것"(고후 3:6), "율법으로는 죄를 깨달음"(롬 3:20), "내가 율법으로 말미암아 율법에 대하여 죽었나니"(갈 2:19)라고 한 것과 같다.

율법의 두 번째 면, 신학적 용례를 놓고 볼 때 하나님은 복음을 듣는 사람에게 완전히 부합되게 사용하신다. 하나님은 율법과 율법의 고소를 끝내기 위해 복음을 사용하신다. 율법은 죄를 드러내고, 복음은 죄를 사한다. 율법은 든든한 자를 두렵게 만들고, 복음은 두려워하는 자를 위로한다. 율

---

7) Gerhard Forde, *Where God Meets Man: Luther's Down-to-Earth Approach to the Gospel* (Minneapolis: Augsburg, 1972), 7-17; and Wengert, *Formula for Parish Practice*, 77-89 참조.

법은 죽이고, 복음은 살린다. 따라서 필리프 멜란히톤은 아우크스부르크 신앙고백서 12조 회개(Defense)에서 둘 사이의 구분에 대해 다음과 같이 쓴다.

> 이것이 인간 가운데 행하시는 하나님의 두 가지 주요 사역이다. 두렵게 하는 것. 그리고 두려워하는 이를 의롭게 하거나 살리는 것, 성서 전체는 이 두 가지 일로 나누어진다. 한 부분은 죄를 드러내고, 고발하며, 정죄하는 율법이다. 다른 부분은 복음, 그리스도 안에 주신 은총에 대한 약속이다. 이 약속은 성서 전체에 걸쳐 끊임없이 반복된다. 처음에는 아담, 이후에는 족장들에게 주신 바 되었고, 예언자들에 의해 조명되었고, 마지막으로 유대인 가운데 그리스도에 의해 선포되고 제공되었다. 그리고 사도들에 의해 온 세상에 전파되었다. 그러므로 모든 성도가 이 약속을 믿는 믿음으로 의롭다 함을 받은 것이지, 그들이 먼저 하나님을 두려워하거나 사랑하여 스스로 죄에 대해 애통함으로 받은 것이 아니다.[8]

이것이 성경 해석에 뜻하는 것은 무엇일까? 첫 번째는 이것이다. 만일 사람들이 본문이 무엇을 의미했고 또 의미하는지 찾아내기 위해서만 읽는다면, 성서는 언제나 죽은 문자요 죽이는 문자에 불과할 것이다. 어떤 사람도 결코 살릴 수가 없다. 특히 그것을 읽거나 듣는 사람은 더 그렇다. 그래서 루터는 명사(*Heisselwort:* 직역하여, 명명[命名]어)와 동사(*Thettelwort:*

---

8) AP XII.53, in BC, 195.

직역하여, 동작[動作]어)를 신학적으로 구분했다. 인간의 말이 할 수 있는 일이란 어떤 것에 꼬리표를 붙이는 것이다. 그러나 하나님은 결코 말씀으로 꼬리표 붙이기를 하지 않으신다. 죽이고 살리심으로 우리에게 무엇을 행하신다. 즉, 우리 삶을 떠받드는 모든 우상을 파괴하시고, 우리를 새롭게 하신다.[9] 결국 하나님이 "빛이 있으라" 하시자 빛이 있었다. 하나님의 말씀은 우리에게도 역사하신다.

두 번째, 루터란 경건주의는 이 용어들을 해석할 때 그 개념을 두 가지 면에서 심각하게 왜곡한다(그런데 미국의 모든 루터란은 우연히도 자신들의 바로 전 선배들로부터 이 접근법을 물려받았다).[10] 먼저, 경건주의는 복음주의의 나중 형태처럼 종종 하나님만이 하시는 일, 즉 죽이고 살리는 일을 설교자가 담당한다고 추정했다. 그들이 말하는 소위 합당한 그리스도인의 "사랑"(affections)을 끌어내는 부담이 설교자에게 있다는 말이 된다.

---

9) 루터의 "*Confession concerning Christ's Supper*," WA 26:282-85 (=LW 37:180-84) 참조.

10) 경건주의는 개혁교회와 성공회 계열 내에서 일어난 청교도주의와 감리교주의의 일정 형태와 유사한 루터교 내 운동으로서, 종종 회심, 성화, 그리스도교적 선행을 믿음, 죄의 용서, 성례전보다 강조했다. 이 운동은 독일 프랑크푸르트의 목사였던 필리프 야코프 슈페너(Philip Jakob Spener)와, 그가 써서 1675년에 출판한 요하네스 아른트(Johannes Arndt)의 설교에 대한 서문, *Pia desideria*(『경건한 열망』, 선한청지기 역간)로 거슬러 올라간다. 후기 루터파에게 중요한 이 운동에 관한 더 많은 자료는 다음을 참조하라. Carter Lindberg, ed., *The Pietist Theologians: An Introduction to Theology in the Seventeenth and Eighteenth Centuries* (Oxford: Blackwell, 2005).

이것은 즉시 두 번째 왜곡으로 이끈다. 율법과 복음은 먼저 사람들이 죄책감을 느끼게 하고(율법), 죄책감을 치유하는 것(복음)으로 이해되었다. 이와 달리, 죄인은 죄책감을 *느껴야* 하는 것이 아니다. 오히려 그들은 죄가 있다는 점을 들어야 한다. 그 사실이 그들을 어떻게 느끼게 만드는지는 상관없이 말이다. 이것은 설교자 또는 성서 해석자에게, 율법과 복음을 구분하는 것은 단지 두 개의 사실을 하나씩 말하는 것을 의미한다. 인간의 상태에 대한 사실(율법)과 그리스도 안에서 하나님에 대한 사실(복음)이다.

우리는 성경 자체에서 율법이 어떻게 설교되었는지 살펴볼 수 있다. 나단은 어린양 한 마리를 소유한 가난한 사람이 엄청난 가축을 가진 부자에게 양을 빼앗긴 애절한 이야기를 들려준 뒤, 다윗에게 "당신이 그 사람"(삼하 12:7)이라고 말한다. 그러자 다윗은 "내가 여호와께 죄를 범하였노라"(삼하 12:13)라고 대답한다. 사도행전 2장에서 베드로는 그저 '너희가 십자가에 못 박은 이 예수를 하나님이 살리셨다'고 말한다. 본문은 이어 사람들의 마음이 찔렸다고 한다. 마가복음 10:21에서 예수께서 그저 "네게 아직도 한 가지 부족한 것이 있으니"라고 하시자, 그 사람은 충격을 받는다. 물론 인간의 상태에 대한 이런 단순한 '사실들'(truths)은, 화자가 언급하면 안 되는 것을 언급했으므로, 듣는 사람에게 역사하고 그들을 발가벗기며, 죄를 드러내고, 두렵게 하고, (바울의 언어를 빌자면) 죽인다.

그렇다면 복음이란 하나님에 대한 사실을 말하는 것으로, 용서하고 살리기 위해 성령께서 사용하시는 진리다. 베드로의 청중은 찔려서 "우리가 어찌할꼬?"라고 부르짖었다. 그의 대답은 죄 사함을 위한 세례다. 이것은 그들이 무엇을 *하는* 것이 전혀 아니라, 은총의 방편을 통해 하나님이 하시는 일이다. 부자가 천국에 들어가는 것이 얼마나 어려운지 들은 제자들이 "그런즉 누가 구원을 얻을 수 있는가"라고 외치자 예수는 "사람으로는 할 수 없으되 하나님으로는 그렇지 아니하니 하나님으로서는 다 하실 수 있느니라"라고 대답하신다(막 10:26-27). 또는 지붕을 뜯어 내려진 사람 이야기에서 예수는 단지 "네 죄 사함을 받았느니라"라고 하신다(막 2:1-12). 물론 바리새인과 그 외 모든 경건한 사람들은 이 말이 참을 수 없어 뒤에서 구시렁댄다. 그들에게 복음은 율법으로 역사한다. 그러나 그 환자에게는 예수께서 그의 몸을 고치심으로 그의 마음에 무슨 일이 일어났는지 보이신다. 실로 모든 이적 이야기는 그저 복음과 부활의 그림이다. 복음은 불신자를 신자로 만든다. 마치 죽은 자를 일으키는 것과 같다. 그러므로 이것이야말로 독특한 "루터란" 성서 해석의 중심이다. 율법과 복음을 구분하고, 따라서 인간의 상태와 하나님에 대한 사실을 말하는 것이다.

율법을 설교하는 것에 관해 한 가지 주의 사항이 있다. 먼저 성서 본문이 적용되는지 꼭 확인해야 한다. 1520년대 중반 루터가 직면해야 했던 여러 가르침 중 하나는 안드레아스 보덴슈타인 폰 카를슈타트(Anreas Bodenstein von Karlstadt)에게서 나왔다. 그는 동시대 그리스도인들이 특별히 십일조와 안식일 준수를 포함한 구약의 특정 계명들을 지킬 필요가 있다고 주장했다. 루터는 그가 성서 읽기에 너무나 다르게 접근하고 있음을 분명히 했다. 루터는 이렇게 썼다.

> 성경을 깔끔하게 대해야만 한다. 시작부터 말씀은 다양한 방식으로 우리에게 왔다. 이것이 하나님의 말씀인지 아닌지, 하나님이 그것을 말씀하셨는지 아닌지 살피는 것만으로 충분하지 않다. 누구에게 하신 말씀인지, 우리에게 적용되는지 반드시 살펴야 한다. 이것이 거대한 차이를 낳는다. … 성서에는 두 종류의 말씀이 있다. 하나는 나와 관련 없고 적용도 되지 않는 것이고, 다른 하나는 관련 있거나 적용되는 것이다. … 거짓 예언자들은 가세하여 "여러분이여, 이것은 하나님의 말씀입니다"라고 말한다. 사실이고, 부인할 수 없다. 그러나 우리는 그 "여러분"이 아니다.[11]

성경(Bible)이 말씀하신 것은 맞다. 그런데 그 본문이 오늘날 이 사람들에게 적용되는가? 이 질문도 성서의 계명과

11) LW 35:170 (WA 16:384, 19; 385, 7-16). 작은 수정 포함. 고맙게도 비토르 웨스텔르(Vitor Westhelle)가 이 본문을 "*The Church Event: Call and Challenge of a Church Protestant* (Minneapolis: Fortress, 2010), 66에서 사용하여 내게 상기시켜 주었다.

약속을 들을 때 중요한 몫을 차지한다.

율법의 첫 번째 용례: 직업 기술 학교 선생인 목사

율법의 첫 번째 용례, 즉 시민적 용례에 대해 언급할 것이 있다. 많은 사람이 성서에 대한 루터의 통찰의 이 측면 역시 소홀히 여겼다. 물론 율법의 시민적 용례는 설교단보다 시청에 더 어울린다. 그러나 인간은 이 세상의 질서 유지와 악의 억제를 필요로 한다는 진리를 말하는 세금에 대해 논할 기회를 얼마나 쉽게 잃어버리는지는 놀랍다. 여기서 질서는 (믿음의 눈에만 드러나는 것으로) 창조의 미와 창조주의 의도에 부합하는 것이고, 억제란 흠결 있고 타락한 세상일지라도 하나님이 어떻게 여전히 자신이 만드신 피조물을 사랑하시는지 보여 주는 것을 뜻한다.

이것이 율법의 주된 기능은 아님에도, 성서에는 인간이 이웃에게 어떻게 행동해야 하는지 보여 주는 놀라운 구절들이 있다. 물론 루터는 선한 도덕적 가르침이 성서에서만 발견된다고 생각하지 않았다. 실로 수 세기 동안 그리스도인들은 온갖 종류의 성서 외의 자료를 사용해 왔다. 아리스토텔레스, 플라톤, 키케로, 붓다, 존 스튜어트 밀(John Stuart

Mill), 윌 로저스(Will Rogers) 등, 얼마든지 사용할 수 있다. 루터의 이런 열린 태도는 하나님께는 두 개의 손이 있으시다는 견해로 거슬러 간다. 하나님은 오른손으로 (두 번째 용례로서) 율법과 복음을 사용해 신자를 만드신다. 하지만 왼손으로는 복음과 별도로 이 세상을 다스리신다. 질서를 유지하고 악을 억제하시는 것이다.[12] 죄 때문에 이 통치는 종종 왜곡되고 불완전하다. 그래도 하나님은 모든 사람의 마음에 도덕적 행동의 기본적인 기준을 새기셨다. 그래서 정의와 평화를 세우기 위해 먼저 세상을 그리스도교화하지 않아도 된다. 사실 불의와 다툼에 이르는 가장 빠른 길 중 하나는, 이런 문제에서 그리스도교 우위성을 고집하고 하나님의 두 손을 혼동하는 것이다.

그리스도인은 이 세상에서 일에 관한 한 비그리스도인보다 한 가지 유리한 점이 있지만, 그 이점은 정확한 발원지가 있다. 바로 선한 일을 행함이 아니라 믿음 그 자체다. 이 이슈에 대한 필리프 멜란히톤의 가장 성공적인 시도는 아마 그의 1528년 골로새서 주석에서 나왔을 것이다. (이 세상을 위

12) 이 주제를 위해서는 다음의 자료를 참조하라. Gustav Wingren, *Luther on Vocation*, trans. Carl C. Rasmussen (Philadelphia: Muhlenberg, 1957), and Paul Althaus, *The Ethics of Martin Luther*, trans. Robert C. Schultz (Philadelphia: Fortress, 1972), for broader discussions of this topic as well as D. Michael Bennethum, *Listen! God Is Calling: Luther Speaks of Vocation, Faith, and Work* (Minneapolis: Augsburg Fortress, 2003).

한 시민적 의와, 새로운 세상으로 들어가는 데 필요한 용서 안의 그리스도의 의라는) 하나님의 양면적 의를 다루는 50쪽 분량의 여록에서, 그는 이 세상에서 그리스도인에게 어떤 이점이 있는지 물었다. 대답은? 그리스도인은 자신들이 이 세상에서 하는 일이 하나님의 소명이라는 점을 확신한다. 예를 들어 멜란히톤은 신적 소명에 통치자가 되는 것뿐 아니라 백성이 되는 것도 있음을 깨달았다.[13] 일 년 후 마르틴 루터는 대교리문답에서, 하나님은 부모, 가장, 고용인, 교사, 목사, 판사의 직분만 아니라 자녀, 하인, 피고용인, 학생, 교인, 시민의 직도 세우셨다는 유사한 성찰을 했다.[14]

우리는 성서적 또는 그리스도교적 도덕을 자랑할 때, 종종 그리스도인에게만 해당하는 어떤 특별한 것을 찾는다. 루터와 멜란히톤은 골로새서 2:23을 인용하여 그것을 "자의적 영성"이라 이름했다. 그들 시대의 수도원 제도가 이에 해당하는데, 이것은 마치 두 번째 세례를 받는 것, 칭찬할 만한 대단한 선을 행하는 길을 제공하는 것처럼 홍보되었다. 오늘날에는, "목적이 이끄는 삶", 워싱턴주 외지 수련회, 제3세계 특별 방문, 또는 낙태, 무기 소지, 사형 등에 대한 완강한 입장 고수가 될 것이다. 또는 금주, 금연, 금무(禁舞)

---

13) Timothy J. Wengert, *Human Freedom, Christian Righteousness: Philip Melanchthon's Exegetical Dispute with Erasmus of Rotterdam* (New York: Oxford University Press, 1998), 123-36 참조.
14) LC, Ten Commandments, 103-78, in BC, 400-410.

에 관한 것일 수도 있다. 이에 맞서 개혁자들은 성서에서 그리스도교적 삶은 일상의 삶*이라고* 주장했다. 기저귀를 갈고, 거름을 치우고, 세금을 내는 삶이다. 이것이 당연하게 여겨지기에 신약성서가 거의 언급하지 않을 뿐이다.

그렇지만 루터의 창의적이고 통찰력 있는 성서 읽기 방식은, 이 일상의 삶에 널린 온갖 종류의 작은 힌트를 드러낸다. 로마서 13:1-7은 실제 "조세를 받을 자에게 조세를 바치"라고 권하고, 로마서 13:8-10은 이웃을 자신처럼 사랑하라고 주장한다. 에베소서 4:28은 도둑질을 멈추고 건전한 직업을 구하라고 제안한다. 그러나 루터는 다른 곳에서도 이 견해를 보았다. 누가는 (아기 예수를 경배한) 목자들이 순례하거나 수도원을 짓는 대신 자신의 양 떼에게 돌아갔다고 말한다(눅 2:20).[15] 루터와 그의 청자들에게 이 점은 계시였다. 신자는 양 떼를 돌볼 수 있었다. 수도원에 들어가거나 순례를 할 필요가 없었다. 루터가 일상의 삶*이* 그리스도교적 삶이라는 이 소박한 믿음을 가장 서정적으로 해석한 것 중 하나는 대교리문답의 제4 계명 해설에서 나왔다.

> 이것을 가난한 사람들이 명심할 수 있다면, 하녀는 기뻐 춤추며 하나님을 찬양할 것이다. 생계유지와 임금을 위해 그녀

15) *The Martin Luther Christmas Book*, comp. Roland H. Bainton (Philadelphia: Muhlenberg, 1948) 참조. WA 10/1/1:137, 14-138, 12 and WA 37:246, 11-248, 26 참조.

는 주의 깊게 일하면서, 가장 위대한 성자로 존경받는 이들이 얻지 못한 보배를 얻을 것이다. 이를 알고 "당신이 매일 집안 일을 하는 것은 모든 수도승의 거룩함이나 금욕적 삶보다 낫다"고 말하는 것이야말로 대단한 영광이 아닌가? 게다가 당신은 무엇을 하든지 번창하고 잘될 것이라는 [이 계명에 포함된] 약속을 가졌다. 일과 관련해 이보다 복되고 거룩한 삶을 살 수 있을까? 하나님 앞에서는 실제로 누군가를 거룩하게 만드는 것은 믿음이다. 믿음만이 하나님을 섬기고, 우리의 일은 사람을 섬긴다. 여기에 당신의 모든 복, 보호, 주님 아래 있는 쉼터가 있고, 더욱이 기쁜 양심과 당신에게 백배로 상 주실 은혜로운 하나님이 계시다. 정직하고 순종적이라면 당신이야말로 참 귀족이다.[16)]

율법의 세 번째 용례: 신자에게 적용된 첫 번째와 두 번째 용례

그 유명한 "율법의 세 번째 용례"에 대해 몇 마디 해야 하는데, 1550년대 이래 루터란 사상 가운데 논란이 된 범주다.[17)] 아래에서 그 용어를 정의하기로 하고, 먼저 그 범주

16) LC, Ten Commandments, 145-48, in BC, 406-7.

17) 장 칼뱅부터 시작해, 개혁 신학자들도 율법의 세 가지 용례를 논했다. 그들에게는 루터란이 제3의 용법이라 부른 것이 중심 용법으로 이해되었다. 다음을 참조하라. John Calvin, *Institutes of the Christian Religion*, ed. John T. McNeill, tras. Ford Lewis Battles, 2 vols.

가 어떻게 생겼는지 이해하는 것이 필요하다. 1520년 루터와 멜란히톤은 단지 복음과 오늘날 율법의 "두 번째 용례"라고 명명한 것에 대해서만 논의했다. 만약 루터교 목사 후보 위원회가 이들이 목회자가 될 자격이 있는지 1520년에 인터뷰하고, 율법의 시민적 또는 "첫 번째" 용례에 관해 물었다면 둘 중 누구도 합격하지 못했을 것이다. 그들이 그런 항목을 아직 "고안하지" 않았기 때문이다. 1521년 루터는 바르트부르크성에 숨어 지내면서 『성탄절 설교집』(*Christmas Postil*)을 준비하고 있었다. 그것은 (많은 루터란이 1978년까지 사용한, 중세 교회에서 시작된 동일한 일 년 주기 교회력에 따른) 성탄 절기를 위한 주일 성서 본문의 주석서였다. 그가 신년 본문(갈 3:23-29)을 놓고 준비할 때, 유대인들에게는 율법의 4가지 용례가 있었다고 쓴 (성서 전체를 주석한 중세의 주석가) 리라의 니콜라스(Nicholas of Lyra) 주석서를 읽고 (또는 적어도 회상하고) 있었다. 루터는 두 용례는 아무 논평 없이 지나친 뒤, 다른 두 용례는 하나님의 손에 두며 일반화했다. 그는 첫 번째, 하나님은 악을 억제하고 질서를 유지하려고 율법을 사용하신다, 두 번째, 하나님은 신학적으로 죄를 보여 주고 사람들을 그리스도와 복음으로 몰아가려고 율법을 사용하신다고 적었다.[18)]

(Philadelphia: Westminster, 1960), 1:360 (*Institutes* II. vii 12): "율법의 합당한 목적과 더 가깝게 관련되는 세 번째 그리고 주요 용례는, 하나님의 영이 이미 계시고 다스리시는 신자의 마음 가운데서 발견된다."

루터의 『설교집』 인쇄물을 본 멜란히톤은 이 구분을 자신의 저작물에서 사용하기 시작했다. 세 번째 로마서 주석을 출판한 바로 1532년까지 그에게는 두 가지 용례만 있었다.[19] 그러다가 1534년 골로새서 주석을 세 번째로 수정하면서, 1527년과 1528년에도 율법의 두 가지 용례를 정의했던 멜란히톤이 세 번째 용례를 첨가했다. 한 중심축은 옛사람의 죽음과 새사람의 탄생이고, 다른 한 중심축은 하나님의 두 손인 신학을 가진 루터는 한 번도 이 세 번째 용례를 의지하지 않았다. 그럼 왜 멜란히톤은 이 용례를 더했을까? 먼저 그는 루터란이 방종하거나 반율법주의가 아니라는 것을 분명히 하려고 했다. 그는 이미 1520년대 후반에 루

---

18) WA 10:1/1:449-503, 특히 458-63쪽에서 갈라디아서 3:23과 율법의 "열매들"에 대해 논평한다. 교회력 전체를 위한 루터의 『설교집』은 지난 세기가 시작될 무렵 영어로 번역되었다. 다음 자료를 보라. Martin Luther, *Sermons of Martin Luther*, ed. and trans. John Nicholas Lenker, 8 vols. (Minneapolis: Luther Press, 1905-8; repr., Grand Rapids: Baker, 1989), 6:267-310, especially 270-72 (here, 271-72): "실로 여기서 율법의 필요성이 분명하고, 그것의 목적—그 안에 있는 하나님의 디자인—은 두 가지 직분이 있다. 첫 번째는 우리 가운데 기강을 지켜, 우리가 외적으로 영예롭게 살도록 한다. … 두 번째, 율법을 통한 하나님의 디자인은 사람이 그를 알게 하는 것이다. 인간 자신의 거짓되고 의롭게 되지 못한 마음을 깨닫고, 하나님으로부터 얼마나 멀리 있고, 자신의 본성이 얼마나 전적으로 무능한지를 발견하게 하는 것이고 … 그런 지식의 결과로 겸손하게 되어 십자가로 나아오며, 그리스도를 목말라하고, 그분의 은총을 바라되 자신에게는 절망하고 모든 희망을 그리스도에게 두게 하려는 것이다."

19) 이 부분의 내용은 다음을 참조하라. Timothy J. Wengert, *Law and Gospel: Philip Melanchthon's Debate with John Agricola of Eisleben over Poenitentia* (Grand Rapids: Baker, 1997), 177-210.

터의 학생인(그리고 이후 주도적 반율법주의 루터란이 된) 요한 아그리콜라(John Agricola)와 다투었다. 그래서 그 위험성을 경험적으로 알았다. 게다가 1534년 멜란히톤은 온건주의 가톨릭교도와 라이프치히에서 회의를 했다. 그들은 요한복음 13:34("내가 너희를 사랑한 것 같이 너희도 서로 사랑하라")에 근거하여, *복음*이라는 용어는 율법을 포함해야 한다고 주장했다. 멜란히톤은 그런 계명이 복음이 아니라는 점을 분명히 하고 복음이 율법이 되는 것을 막기 위해, 그리스도인에게 주어진 계명이라도 여전히 복음이 아니라 율법이라고 주장했고, 복음은 그 복음으로 말미암은 값 없는 죄의 용서라고 정의했다. 따라서 멜란히톤에게 율법의 "세 번째 용례"는 단지 신자들에게 주어진 계명을 서술한 것이었다(그래서 복음의 약속과 혼동하면 안 될 것이었다). 여기서 계명은 어떤 행위가 선하고 하나님께 기쁨이 되는지를 밝히는 데 도움이 되는 것이다.

멜란히톤의 구분에는 애석하게도, 장 칼뱅이라는 젊은 신학자는 멜란히톤의 저작물을 읽고 그 개념을 세 번째 용도를 주된 용도로 삼고 그것을 그리스도인을 위한 특별 지침으로 정의했다는 점을 제외하고는 자신의 신학 안에 끌어들였는데, 여기에는 다른 사람들에게는 계시되지 않은 율법이 포함되었다.[20] 지금 루터란이 율법의 세 번째 용법을 요구할

20) Calvin, *Institutes of the Christian Religion*, II.vii.12 참조.

때 대개 그들이 원하는 것은 칼뱅의 접근법이다. 그러나 멜란히톤과 후대 루터란에게 율법의 세 번째 용법은 단순히 그리스도인에게 적용된 율법의 첫 번째와 두 번째 용법이다.[21] 신자는 의인인 동시에 죄인이기에 여전히 율법이 필요하다. 첫 번째, 그들을 억제시키고, 하나님의 선하고 자비로운 뜻과, 인류와 모든 하나님의 피조물을 위한 질서를 드러내는 데 필요하다. 두 번째, 옛 자아를 죽이고, 복음, 믿음, 하나님이 기뻐하시는 선행으로 옛 자아를 몰아가되 행위로 인한 의로움과 "자의적 영성"으로부터 멀리하는 데 필요하다.

그러나 이 점에 관해 물을 수 있는 또 하나의 질문이 생긴다. 즉, "율법은 언제 율법이 아닌가?"라는 질문이다. 때때로 율법은 정죄하는 명령이 아니라 유인하는 초대이다. "너는 네 하나님 여호와의 이름을 망령되게 부르지 말라"는 두 번째 계명을 예를 들어 보자. 이 명령은 하나님의 이름을 이용한 거짓 증인을 정죄함으로 악을 억제하고, 하나님의 이름을 특별한 곳에 둠으로 질서를 유지한다. 우리의 죄를 보이고, 옛 피조물을 정죄한다. 우리가 하나님의 이름을 문장의 마침표처럼 사용하고, 더 심하게는 설교자나 교회의 다른 지도자들이 교회에서 하나님의 이름 아래 온갖 율법주의

21) Wengert, *Formula for Parish Practice*, 90-102 참조.

적 어리석음을 가르치고 설교할 때 율법은 위에서 언급한 양쪽 다를 한다. 설교를 율법으로 끝내고 복음의 위로를 사람들에게서 빼앗을 때마다 이 계명에 의해 정죄당하는 설교자의 수는 놀라울 정도다.[22)]

그러나 만일 하나님의 이름이 (사용자의 요청에 따라) 전화번호부에 번호가 없는 십 대 소년의 첫 여자친구와 비슷하다면 어떨까? 교실에 앉아 있는데, 갑자기 그녀가, 치마를 입고, 소년을 압도하는 향수 냄새를 풍기며, 책상 사이로 사뿐사뿐 다가온다. 그리고 그 소년의 책상에 쪽지 하나가 놓이는데, 한 면에는 (1960년대에 흔했던 대로) 전화번호가, 다른 한 면에는 "전화해!"라는 명령이 있다. 자, 그것은 물론 명령이다. 그러나 그 명령을 이행하기 위해 모든 기회를 사용하면서도, 그게 "선행" 또는 그녀의 호감을 "얻는" 일이라고는 상상조차 못 하는, 사랑에 빠진 소년에게는 명령이 아니다. 그리고 화장실 벽에 그녀의 번호와 함께 "원하면 줄리(Julie)에게 전화해라"라고 낙서할 생각은 꿈에서도 하지 않을 것이다. 결코! 갑자기 명령이 매력적인 초대로 변한다. 그 소년이 사랑에 빠져 있는 한, 아무것도 짐스럽지 않고, 의무가 아니며, 힘든 일일 수 없다. 대신 모든 것이 완전히 자의적

22) LC, Ten Commandments, 54, in BC, 393 참조. "그러나 [하나님의 이름에 대한] 가장 심각한 오용은 영적인 문제로서, 거짓 설교자가 일어나 그들의 속이는 허튼 말을 하나님의 말씀이라고 전할 때 그것은 양심에까지 영향을 끼친다."

인 일이다. 루터가 『소교리문답』의 독자에게 상기시키듯, 하나님이 우리에게 그분의 이름을 주시는 것은, "모든 필요 가운데 기도하고, 찬양하며, 그리고 감사함으로 그분을 부르도록" 하려는 것이다.[23] 그것은 그러고 나서 루터가 주기도문에 대한 서론에서 설명하듯, 사랑스러운 자녀가 사랑 많은 아버지에게 다가가는 것처럼 우리 하나님 아버지께 오라는 초대다.[24]

루터와 멜란히톤이 세상을 떠난 지 한참 뒤인 1580년 출판된 루터란의 화합에 대한 진술을 담은 일치신조 제6항에서, 율법의 세 번째 용법이 다음과 같이 논의되었다.

> 그러나 사람들이 하나님의 영으로 거듭나고 율법으로부터 자유롭게 되면(즉, 율법의 강력한 힘으로부터 해방되고 그리스도의 영에 의해 인도되면), 그들은 율법 안에서 이해할 수 있는 하나님의 변함없는 뜻을 따라 살고, 거듭났으므로 모든 것을 자유롭고 기쁜 영으로 한다.[25]

"자유롭고 기쁜 영"이라 말하는 것 이상으로 그리스도인의 삶을 잘 서술할 수 있을까. 자유롭고 기쁜 영에 대해 생각하면, 아마 옛날 TV 프로그램 "앤디 그리피스 쇼"(Andy

---

23) SC, Ten Commandments, 4, in BC, 352.
24) SC, Lord's Prayer, 2, in BC, 356.
25) Formula of Concord, Solid Declaration, VI, 17, in BC, 590.

Griffith Show)의 마지막 순간에 나오는 오피(Opie)를 상상할 수 있다. 한 손엔 낚싯대를 들고, 다른 손으로는 아빠의 손을 잡고, 휘파람을 불며 숲길을 내려가는 아이 말이다. 그게 바로 자유롭고 기쁜 영으로서 하나님이 하라고 초대하시는 모든 일을 자발적이고도 자유롭게, *믿음만으로* 행하는 것이다. 또는 법에 완전히 새로운 의미를 부여하는, 사랑의 쪽지에 적힌 그 명령을 상상할 수도 있다. 그래서 사람들이 휘파람을 불며 교회당에서 나오지 않으면, 아마도 설교자가 이 세 번째 용법으로 율법을 전혀 설교하지 않고, 하나님과 관계 맺기 위한 또 하나의 짐으로 영혼을 힘들게 하고 있을 수도 있다.

선포를 위한 주석: 본문에서 율법과 복음 찾기

본과를 시작한 긴 예화에 더하여, 실제로 성서 본문 안에서 이 구분이 작용하는 것을 어떻게 알아볼 수 있을까? 요한복음 16:23을 예로 들어 마지막 요점(율법의 세 번째 용례)에 대해 생각해 보자. "너희가 무엇이든지 아버지께 구하는 것을 내 이름으로 주시리라"는 이 구절은 가장 많이 오용되는 구절 중 하나임이 틀림없다. 한편에는 방송 출연을 전문으로 하는 목사들이 있다. 물질적 부가 그리스도교 메시지의 핵심이라고 상상하도록 매수해서, 사람들이 필요로 하거나 원하는 것을 얻지 못할 때는 완전히 비탄에 빠지게 한다. 다른 한편에는 이 작은 약속을 거대한 명령으로 바꾸는 유사 집단이 있다. "구해야 합니다. 그렇지 않으면 하나님은 아무것도 안 주십니다. 더욱이, 당신이 구했는데도 못 받았다면 믿음이 약해서입니다." 이 둘에는 율법과 율법의 판단이 크게 작용한다. 물론 많은 설교가는 이런 무조건적 약속 때문에 창피해 죽을 지경이 되어, 하나님이 왜 우리 기도에 응답하시지 않는지 핑계를 만드는 제3의 길을 시도한다. 듣는 사람이 기도를 세게 또는 간절히 하지 않았다거나 믿음이 약하다고 비난하는 극단을 피하는 길이다.

이런 접근의 문제는 무엇인가? 믿음이 없다는 것이다! 아니, 좀 더 정확하게 말해 하나님과 관계가 없다! 다시 말해 해석자는 하나님을 별나라에서 온 산타, 고약한 율법 부여자, 또는 구두쇠 중 하나로 본다. 어떤 경우든, 본문을 작동하게 하거나, 그런 어리석은 말을 한 것에 대한 요한의 예수가 책임을 면하게 하는 것이 독자 또는 듣는 사람에게 달린 것처럼 보인다. 그러나 믿음(즉, 우리가 아니라 그분이 하나님이시라는 확신과 하나님의 약속을 신뢰함에 근거해 맺는 하나님과의 참된 관계)은, 게르하르드 포르데가 사랑에 빠지는 것으로 정의한 대로,[26] 말씀을 완전히 다르게 듣는다.

한번은 어떤 설교자가 이 본문을 이렇게 설명했다.[27] 당신과 당신의 배우자가 춤추는 것을 좋아한다고 가정해 보라. 배우자와 팔을 끼고 춤을 추고 있는데, 그녀가 당신에게, "사랑해요. 뭐든지 말해요, 내가 다 할게요"라고 말한다. 물론 그녀의 초대를 남용해서, 모든 것을 당신에 관한 것으로 여기고, 당신의 가장 치사한 욕구를 충족할 기회로 받을 수 있다("뭐든지? 내가 불륜해도 괜찮아요?"). 그러나 당신은 지금 사랑하는 사람의 품에 안겨 미끄러지듯 무대를 누비며 춤추는, 가장 좋아하는 것을 하고 있고, 사랑에 빠졌다. 그렇다면 한 번 더, 또 한 번 더 춤추자고 하는 것 외 무엇을 요청할 수 있을까? 마찬가지로, 예수께서 "무엇이든 구하라"고 하실 때 믿음 충만한 '애인'인 신자가 할 수 있는 대답은 "단지 당신을 원합니다!"이다. 실로 이것이 8장 앞인 요한복음 6:67-69에서 정확하게 일어난 일이다. "나의 제자들아, 너희도 가려느냐?"라고 예수께서 물으신다. 눈이 동그래진 베드로가 세상 모든 신자를 대표해 "주여 영생의 말씀이 주께 있사오니 우리가 누구에게로 가오리이까 우리가 주는 하나님의 거룩하신 자이신 줄 믿고 알았사옵나이다"라고 대답한다. 1978년 이래 몇몇 루터란 찬송가에서 복음서 본문을

---

26) Forde, *Where God Meets Man*, 65-67.
27) 어빙 샌드버그(Irving L. Sandberg)가 1980년대에 설교했고, 그때 나에게 보내 주었다.

읽기 전에 회중이 이 말씀을 일반적 "할렐루야 구절"(Alleluia Verse)에 넣어 부르게 한 것은 이상하지 않다.

과연 "무엇이든 구하라"는 명령은 (율법의 첫 번째 용례처럼) 우리에게 기도하게 만들 수 있다. 물론 그 명령은 하나님의 약속에 대한 우리 믿음의 결여와 (율법의 두 번째 용례처럼) 기도하지 못한 우리의 모습을 보여 줄 수 있다. 그러나 믿음의 눈과 귀로 읽어 보면, 이 말씀의 깊은 곳에서 우리는 하나님의 심장 박동과 사랑하는 분의 음성을 듣는다. 그래서 다시 사랑에 빠져들어 단지 한 번 더 춤출 것을 요청한다. "뭐든 구해라!" 이때 믿음은, "아멘! 주 예수여 오시옵소서!"라고 응답한다. 그 이상 무엇이 있겠는가?

율법의 세 번째 용례에 대해서는 이만하면 충분하다. 율법의 두 번째 용례와 관련해, 설교자와 선생이 직면하는 가장 큰 문제는 그들 자신의 옛 자아다. 성서는 놀라울 정도로 분명한데 종종 안개 속을 헤매는 것은 독자와 설교자들이다. 그들은 성서를 읽을 때 단지 자신들의 귀와 눈을 믿을 수 없다. 결국 그들이 믿는다면 그들은 죽을 것이다! 마태복음과 마가복음에서 두 가지 예를 고려해 보자.

마태복음 19:9이 기록하는 이혼에 대한 예수의 말씀을 보자. "누구든지 … 아내를 버리고 다른 데 장가드는 자는 간음하고, 남편을 버리고 다른 데 시집가는 자는 간음함이라." 이 구절은 많은 교회가 현재 사용하는 3년 주기 교회력에 지정된 주일 본문으로 나온다.[28)] 이 본문을 봉독할 때면, 모두 아주 조용하다. 왜 그런가? 21세기 미국 문화권 안에서 이혼하거나 재혼한 사람을 모르는 이가 없고, 자신이 그랬을 확률도 높기에 이 본문은 모두를 괴롭힌다. 예수의 말씀이 2천 년이 지난 지금도 그런 침묵을 낳는다면, 말씀에 죽이는 능력과 우리 죄를 드러내는 능력이 있음을 안다. 그런데 정확히 그게 무슨 뜻인가? 만약 우리가 옛날처럼 철저하게 한다면 그리스도교 공동체 일부가 되는 것을 막아야 하는 어떤 사람의 죄를 드러내기만 하는 것일까?(어떤 면에서, 혼인무효선언을 하는 로마 가톨릭교회에게는 그것이 지금까지의 대답이다) 또다시 우리는 남에게 던질 돌을 집어 든다.

그게 아니라, 본문은 *우리*의 죄, 모두의 죄를 드러낸다. 우리가 사는 세상은 결혼이 깨어지고, 한 남자와 한 여자 사이의 결합이라는 하나님이 주신 목표가 온갖 방식으로 파괴되며, 배우자가 상대방을 버릴 수 있고 실제로 버린다. 미국에서, 만성적 극빈자와 노숙자는 대단히 높은 비율로 이혼했거나 버려진 여성과 그들의 자녀다. 그리고 그런 식으로

---

28) 일단의 학자들이 옹호하는 대로, 설교자가 알아서 본문을 택해야 한다는 견해는 어리석고 위험하기까지 하다. 최고의 설교자라 해도 9년(시편까지 합치면 12년) 분량의 충분한 본문이 있다. 그리고 현재의 독본을 고안하면서 추구한 교회 일치 정신을 파괴하고(16세기 루터도 자신만의 독본을 만드는 것에 의구심을 가졌다), 회중을 설교자의 변덕에 사로잡히게 할 위험이 막대하다. 어쨌든 루터신학대학교의 신학 교수라면 어떤 본문을 택해야 하는지 알 *수도* 있지만, 모든 목회자도 또한 그럴 가능성은 얼마나 될까? 성서 읽기에 도움이 되기는커녕 방해가 될 수 있다.

버리는 행위는, 특히 이혼이 연쇄적으로 일부다처를 유지하는 방법인 사회에서는, 간음보다 죄가 덜하지 않다. 우리는, 우리 *모두는*, 망가진 세상에 빠져 있고 얽혀 있다. 만화 캐릭터인 포고(Pogo, 1948-1975년 미국 신문에 연재된 월트 켈리[Walt Kelly] 작 만화 주인공. 역자 주)의 말을 빌자면, "우리는 적을 만났어. 그 적은 바로 우리야." 바르게 읽고, 가르치고, 설교한다면 이 마태복음 본문은 우왕좌왕하는 우리 모두를 구세주에게로 이끌어, 용서와 복을 구하게 한다. 마가복음은 이혼에 대한 진술에 이어 아이들을 축복하시고, 모든 약한 것과 버려진 자를 축복하시는 예수에 대해 기록함으로 바로 그 일을 한다.

그러면 우리는 어떻게 설교해야 하는가? 사실을 말해야 한다! 우리는 실로 심각하게 망가지고 타락한 세상의 일부로 산다. 그래서 어떤 기혼자에게는 이 본문이 관계의 죽음에 공모한 죄를 드러낼 수 있다. 다른 이들에게는 결혼은 했지만, 생각과 말로 서로를 죽이고 있음을 드러낼 수도 있다. 그리고 나머지 우리는 가난한 이혼 여성과 그들의 아이를 부양하는 세금 내는 일에 분개하는 수준이다. 더 악한 상황은, 복음의 복인 예수의 복이 이 가난한 이들에게 주어질 때 (제자들과 같이) 종교적인 사람이 방해된다는 점이다. 그러나 예수께서는 그분과 우리 사회의 가장 취약한 이들인 여자와 아이 들에게 둘러싸인 채, 그들에게 그저 한마디가 아니라 중요한 다음의 말씀을 하신다. '그들을 방해하지 말라. 천국은 이런 자들의 것이다'(막 10:13-16). 그런 후, 손을 들어 (오늘날에는 세례의 물을 통해) 그들을 축복하신다.

율법의 두 번째 용례에 대한 또 하나의 예는 "누구든지 나를 따라오려거든 자기를 부인하고 자기 십자가를 지고 나를 따를 것이니라"(막 8:34)라는 말씀이다. 설교자가 이 본문을 읽을 때 일어나는 보편적인 일은, '우리는 본문이 말씀하시는 대로 받아들일 수 없으므로, 우리 자신이 아니라 본문을 부인한다'는 반응이다. 사실을 말하자면, 우리는 이 본문을 문자적으로 받을 수 없다. 절대 불가능하다. 본문이 우리를 죽이고 십자가에 못 박으려고 하기 때문이다. 여기서 다시 우리는 문맥에 주의를 기울여야 한다. 베드로는 예수를 메시아로 고백하지만, 곧바로 예수의 십자가형을 부인한다. 그리고 이어 나오는 이적 이야기에서, 더러운 귀신 들린 아이의 아버지는, 믿어야 할 그 상황에서 베드로가 행동했던 대로 "내가 믿나이다 나의 믿음 없는 것을 도와 주소서"(막 9:24)라고 응답한다. 이 본문에 이르면, 우리는 모두 믿는 불신자고, 그리스도를 고백하지만 십자가를 부인하는 자다. 이 본문은 우리에게 해야 *할* 무엇을 주는 대신, 우리에게 무엇을 *한다*.

이 본문을 문자적으로 취할 때 어떻게 우리를 죽이는지 고려해 보자. "자기를 부인하라." "알았어요, 해 볼게요. 나,

티모시 존 웽거트는, 이 선언으로써 공식적으로 나를 부인합니다." 그런데 이런 시도에는 문제가 있다. 내가 그것을 할 수 있다는 것인데, 이유야 간단하다. '나'가, 자신이 여전히 문장의 주어기 때문이다. *내*가 원하는 그것을, *나*는 못한다. 아무도 할 수 없다. 그리고 만일 우리가 자기 부인에 대해 설교하거나 가르치더라도 절대 통하지 않는다. 설교자가 아무리 목청을 높여도 할 사람이 아무도 없다. 물론 현장에서 설교자는 이 요구를 부드럽게 말해, 본문이 말하는 것을 말하지 않는 것처럼 가장한다. "자신을 부인하라"라는 말씀은 (내 누이와 내가 자랄 때 이따금 잘했던 일로) "사순절을 위해 고래고기를 포기하라" 또는 "헌금함에 더 많이 넣으라"는 식으로 올 수 있다. "십자가를 지라"는 말씀도 마찬가지다. 우리는 늘, 우리를 실제로는 힘들게 하지 않는 가벼운 발사 나무(balsa tree, 중남미에서 자라는 나무로, 성장 속도가 매우 빨라 가볍기로 유명하다. 역자 주)로 만든 십자가를 선호한다. 또는 우리가 동의하지도 않았는데 십자가가 우리에게 지워졌다고 욕한다.[29] 그러나 루터가 쓴 대로 "우리가 살아가는 하루하루에도, 우리의 삶은 죽음을 포용한다." 바울도 "우리가 … 도살 당할 양 같이 여김을 받았나이다"(롬 8:36)라고 말한다.

예수는 대체 왜 불가능한 명령을 주시는가? *모든* 명령이

---

29) LW 53:274-76 and *The Lutheran Book of Worship* (Minneapolis: The American Lutheran Church, 1978), no. 350 참조.

불가능하다, 모두가! "자기를 부인하는 것"이 그중 가장 힘들 뿐이다. 그 불가능성이 우리가 스스로 할 수 없는 것을 마침내 한다. 우리를 부인하고 우리를 죽이되, 인간 상황에 대한 진리라는 분명한 사실과 더불어 한다. 즉, 우리는 자신을 부인할 수 없고, 십자가를 질 수 없으며, 베드로처럼 그리스도를 따를 수 없다. 예수께서는 먼저 베드로를 두길 원하신 그 자리에 마침내 우리를 두신다. 그분 뒤에, 그분을 따르는 자리에, 자신이 죽는, 믿음 없는 믿는 자의 자리에 말이다. 여기서 어떻게 율법을 설교하는가? 본문을 읽고, 자신과 회중에게 단순한 다음 질문을 하는 것이다. '우리는 어떻게 하고 있습니까?' 나머지 일은 말씀이 하신다.

이것은 우리를 복음으로 이끈다, 바로 하나님에 대한 진리를 말하는 것이다. 물론 (하나님이 행하셨고, 행하시고, 행하실) 기쁜 소식은 성서 전반에 있다. 문제는 설교자, 독자, 청자가 말 그대로 "아겐다"(agenda, 우리가 "반드시 해야 하는 것"을 뜻하는 라틴어 동명사)를 늘 가지고 있다는 것이다. 그러나 복음은 우리에 관한 것이 아니다. 복음은 신학적 문장의 주어로 항상 하나님만을 둔다. 하나님이 행동하신다. 하나님이 고통받으시고 죽으신다. 하나님이 예수를 죽은 자 가운데서 일으키신다. 예수께서 치유하시고, 용서하시며, 축복하시고, 그 밖의 모든 것을 하신다. 그래서 성경을 읽고 들을 때 하나님이 하신 모든 것을 듣고, 설교하고 가르칠 때가 되면 그저 복음을 가방에서 꺼내 세례, 죄의 사면, 그리고 주의 만찬으로 복음을 둘러싸면 된다(설교자가 그 주를 망칠 경우를 대비해). 결국 어떤 설교에서든 복음의 가장 좋은 예는 그저 세례대와 만찬상을 가리키는 것이다. 다시 말해 물과 말씀, 떡과 포도주 가운데 오시는 못 박히시고 살아나신 구세주를 가리키는 것이다.

미술가 루카스 크라나흐(Lucas Cranach)가 루터가 사망한 지 얼마 후 1547년에 완성한 비텐베르크 제단화에서 마르틴 루터를 두 가지 다른 자세로 그린 것은 놀랍지 않다. 최후의 만찬을 그린 중앙 패널의 하단 패널에서, 루터는 설교단에 서서 세례 요한처럼 세상 죄를 지고 가는 하나님의 어린양이신, 십자가 위의 그리스도를 가리킨다. 최후의 만찬 중앙 패널에서, 루터는 1521년의 모습대로 수염을 기른 채 사도들 사이에 앉아 몸을 돌려 16세기 평신도에게 잔을 주는데, 이 일은 교회가 1215년 이래 금지되어 오다가 1521년 바로 그 제단에서 처음으로 일어난 것이다. 크라나흐는 성서 해석과 예배를 위한 루터란 방식의 핵심을 꿰뚫었다. 그리스도를 가리키고 그분의 몸과 피를 나눠 주는 것, 다시 말해 구세주와 함께 죽고 살아나는 것이다. 그 묘사는 설교자의 직무, 그리고 '우리와 우리의 구원을 위해 죽으시고 사신 그리스도'라는 복음의 중심을 요약한다!

3

해석

약함 가운데 온전해지는 힘

"고통과 십자가를 통해 보이는 하나님의 가시적인 것과 하나님의 후면을 이해하는 사람은 신학자라 불릴 가치가 있다. 영광의 신학자는 악한 것을 선하다고 부르며, 선한 것을 악하다고 부른다. 십자가의 신학자는 사물을 그대로 부른다."[1] 1518년 하이델베르크 논제에서 마르틴 루터는 자신의 십자가 신학을 소개했다. 신약학 교수 에릭 힌(Erik Heen)은 최근에, 십자가 신학을 성서 해석에 활발하게 적용할 수 있음을 보여 주었

1) WA 1:354, 19-22 (=LW 31:40).

다.[2] 그것이 이번 장의 목표다.

그런데 십자가 신학을 그런 방식으로 사용하기 전에 우리는 이 신학을 잘 정의해야 한다. 많은 사람은 이 표현을 처음 들으면 예수께서 왜 죽으셨는가에 대한 루터의 이론에 불과하리라 추측한다. 그렇지 않다. 실제로 루터에게 십자가 신학은 "레벨라치오 데이 숩 콘트라리오 스페치에"(*revelatio Dei sub contrario specie*), 즉 반대로 보이는 것 아래서 드러나는 하나님 계시로서, 당신이나 내가 합리적으로 살필 수 있는 마지막 장소에 계신 하나님에 관한 것이다.[3] 다음의 내용은 루터가 로테르담의 에라스무스를 공격한, 『노예 의지에 관하여』(*Bondage of the Will*)에서 십자가 신학에 대해 한 말이다.

> 믿음이란 보이지 않은 것들과 관계가 있다[히 11:1]. 따라서 믿음의 자리가 마련되려면 믿는 모든 것은 숨겨져야 한다. 멀리 숨겨지기보다, *반대되는 대상, 감각, 그리고 경험 아래에* 숨겨진다. 따라서 하나님은 살리실 때 죽임으로써 하신다. 의

---

2) Erik Heen, "The Theological Interpretation of the Bible," *Lutheran Quarterly* 21 (2007): 373-403.

3) 루터가 정확히 이 표현을 쓴 것은 아니지만, 이 표현은 그의 논지를 정확하게 요약한다. 다음 자료를 참조하라. Walter von Loewenich, *Luther's Theology of the Cross,* trans. Herbert J. A. Bouman (Minneapolis: Augsburg, 1976); Gerhard Forde, *On Being a Theologian of the Cross: Reflections on Luther's Heidelberg Disputation, 1518* (Grand Rapids: Eerdmans, 1997); Timothy J. Wengert, "'Peace, Peace…Cross, Cross': Reflections on How Martin Luther Relates the Theology of the Cross to Suffering," *Theology Today* 59 (2002):190-205.

> 롭다고 칭하실 때 죄지음으로써 하신다. 하늘로 옮기실 때 지옥으로 내리심으로써 하신다. 성서에서 말하는 대로 "여호와는 죽이기도 하시고 살리기도 하시며 스올에 내리게도 하시고 거기에서 올리기도 하시는도다"(삼상 2[:6]). … 따라서 하나님은 영원한 진노 아래 관용과 자비를 감추시고, 죄악 아래 의를 감추신다. … 그렇지 않으면 믿음이 필요치 않을 것이다.[4)]

루터는 하이델베르크 논제에 대한 해석에서도 거의 동일한 말을 했다. 율법과 복음, 믿음으로 말미암는 칭의와 고통 가운데 숨으신 하나님의 이 계시가 어떻게 결합하는지를 유의해 보라.

> 보이지 않는 것의 반대는 하나님의 후면과 보이는 것, 다시 말해 고린도전서 1:25에서 하나님의 약함과 어리석음이라 부른 [그리스도의] 인성, 약함, 어리석은 것들이다. 인간이 행위로부터 온 하나님의 지식을 오용했으므로, 하나님은 대신 고통을 통해 알려지시고, 보이는 것의 지혜로 보이지 않는 것의 지혜를 꾸짖기를 원하셨다. 행위 가운데 분명히 나타난 하나님을 예배하지 않는 자들이 고통 가운데 숨으신 하나님을 예배하도록 하시기 위해서였다. 고린도전서 1:21에서, "하나님의 지혜에 있어서는 이 세상이 자기 지혜로 하나님을 알지 못하므로 하나님께서 전도의 미련한 것으로 믿는 자들을 구원하시기를 기뻐하셨도다"라고 말한 대로다. 따라서 요한복음 14:8에서 빌립이 영광의 신학을 좇아 "아버지를 우리에게 보

---

4) WA 18:633, 7-21 (=LW 33:62), 강조 추가.

여 주옵소서"라고 하자, 예수께서는 즉시 그를 불러 엉뚱한 곳에서 하나님을 찾는 그의 덧없는 생각을 자신에게 다시 집중하게 하시면서 "나를 본 자는 아버지를 보았다"라고 말씀하신다. 따라서 십자가에 못 박히신 그리스도 안에 참 신학과 지식이 있다. 그리고 요한복음 10장에서 '나로 말미암지 않고는 아버지께로 올 자가 없다. 나는 양의 문'이라고 말씀하셨다.[5]

하나님은 "반대되는 대상, 감각, 그리고 경험 아래에 숨겨진" 분으로 계시된다. 십자가의 상함, 불신의 공허함, 죄의 책임 안에서 말이다. 여기에 이적의 영광, 전능의 영광이란 없다. 우리가 전하는 것의 어리석음만 있을 뿐이다. 에릭 힌은, 이 십자가 신학이 성서에 단지 계시된 것이 아니라, 성서 자체의 중심임을 보여 주었다. 우리는 어리석고 약한 책 안에 드러난 어리석고 약한 하나님을 예배한다. 성서에 다가갈 때 사람들이 저지르는 주된 실수는, 성서가 드러내는 십자가에 못 박히신 하나님과 계시가 뭔가 질적으로 다를 것으로 생각하는 것이다. 다르지 않다.

바울이 이것을 고린도전서 1-2장에서 드러내 보인다. 그는 자신의 선포 자체는 약하고 어리석다는 진술로 시작한다. 물론 신약성서 중 13권을 오롯이 이 '죄인 중의 괴수'가 쓴 것으로 보기 때문에, 27권 중 13권은 약하다. 그런데 신약성서를 영감의 책으로 만든 것은 사실 바로 약함이다. 바

---

5) WA 1:362, 4-19 (=LW 31:52-53).

울은 자신의 메시지를 약하다고 한 데서 끝내지 않기 때문이다. 오히려 그는 자신의 청자를 살펴보고 그들도 약함을 발견한다. "형제들아 너희를 부르심을 보라 육체를 따라 지혜로운 자가 많지 아니하며 능한 자가 많지 아니하며 … 그러나 하나님께서 세상의 미련한 것들을 택하사 지혜 있는 자들을 부끄럽게 하려 하시고 세상의 약한 것들을 택하사 강한 것들을 부끄럽게 하려 하시며 하나님께서 세상의 천한 것들과 멸시 받는 것들과 없는 것들을 택하사 있는 것들을 폐하려 하시나니 이는 아무 육체도 하나님 앞에서 자랑하지 못하게 하려 하심이라"(고전 1:26-29). 마지막으로, 바울은 심지어 자신을 살펴보면서 2장에서 독자에게 이렇게 상기시킨다. "형제들아 내가 너희에게 나아가 하나님의 증거를 전할 때에 말과 지혜의 아름다운 것으로 아니하였나니 내가 너희 중에서 예수 그리스도와 그가 십자가에 못 박히신 것 외에는 아무 것도 알지 아니하기로 작정하였음이라 내가 너희 가운데 거할 때에 약하고 두려워하고 심히 떨었노라"(고전 2:1-3). 바울은 그러고 나서 고린도후서의 말미에서 하나님의 이 거북한 신탁(oracle)를 드러낸다. "내 은혜가 네게 족하도다 이는 내 능력이 약한 데서 온전하여짐이라"(고후 12:9). 그래서 바울 안에서 우리는 약한 연사가 약한 청자에게 주는 약한 메시지를 가진다. *이것은* 곧 성서 전체를 묘사한다.

성서의 약함

바울에 따르면 약함은 메시지, 청자, 그리고 사도적 전달자 안에 있는데도 성서 자체의 약함을 동일하게 믿는 것이 그렇게 어려운 이유는 무엇일까? 우리는 이 문제를 1장에서 이미 간단히 다루었다. 여기서 우리에게 필요한 것은 디모데후서 3:16을 살펴보는 것이다. "모든 성경은 하나님의 감동으로 된 것으로 … 유익하니." 현대 미국적 독실함은 종종 이 문장 전반부를 확실히 하는 데 고착했고, 어떤 경우는 무흠하고 무오한 책이라고 고집했지만, 루터와 개혁자들은 마지막 말, "유익하니"에 관심이 있었다. 만일 우리가 성서의 지혜와 강함—물론 인간적 기준으로—을 고집한다면, 우리에게 조금도 유익하지 않을 것이다. 다시 말해, 우리를 향한 하나님의 일을 행하고자 하는 성서의 목적이 결코 성취되지 못하고, 우리는 우리 자신의 합리적인 설명과 권력에 대한 목마름으로 성서 위에 군림하도록 내버려질 것이다.

이와는 반대로 우리가 십자가 아래서 그리고 성서의 약함과 어리석음 안에서 성서를 듣는 순간, 2장에서 본 것처럼 성서는 하나님의 참된 능력과 죽이기도 하고 살리기도 하는 지혜를 드러낸다. 성령의 손안에서 성서는, 바로 그 약함으로, 우상을 파괴하고 믿음을 창조하는 하나님의 말씀이 되고, 바울이 주장한 그대로 듣는 자와 선포하는 자와 선포를 약함과 어리석음으로 몰아간다. 이를 두 가지 방식으로 한다.

첫째, 성서 자체는 외적으로 어리석다. 죽은 언어로 기록되었고, 그것을 쓴 주체나 대상도 죽었다. 성서는 어리석고 약한 사람들에 관한 이야기로 넘친다. 하나같이 실패자랄까. 사라와 아브라함이라는 망명자들, 야곱이라는 비뚤어진 인간, 애굽에서 도망쳐 나온 방랑자들, 말 못하는 모세, 죄짓는 아론과 미리암, 간통자 다윗, 짜증 부리는 예언자들, 의심 많은 도마, 부인하는 베드로, 배신하는 유다, 그리고 십자가에 못 박힌 메시아. 게다가 우리의 관점에서 성서의 사회적 현실 역시 현저하게 어리석고 무력하다. 성서에 등장한 이 사람들은 우리가 그렇듯 가부장적이고 복수에 불타는 시대 안에 갇혀 있다. 아무리 날랜 해석적 손재주라도 그들이나 우리를 구원할 수 없다.

둘째, 성서는 내적으로도 어리석다. 다시 말해, 성서는 하나님을 신뢰하는 *신자*로 넘치는데, 그들이 신뢰하는 하나님은 십자가에 못 박혔다! 이성적으로 말해 하나님은 이 책 안에서 연거푸 실수하신다. 아브라함과 사라에게 후손을 약속하셨지만 아브라함이 제일 먼저 한 일은 사라더러 자신의 누이인 양 행동하게 하신다. 쌍둥이 형제 중 사악한 동생 야곱이 축복을 받도록 하신다. 강력한 바로와 그의 군대를 제쳐 두고 모세와 노예로 이뤄진 오합지졸을 택하신다. (솔로몬은 말할 것도 없고) 간통남 다윗을 왕좌에 두신다. 이스라엘에 심판을 선언할 사람으로 뽕나무 치는 아모스보다 더 나은 사람을 찾으실 수 없으신 듯하다. 그것도 부족해 말구유, 요단강에서 세례자 옆에 흠뻑 젖은 몸으로 선 사람, 여자, 어부, 그리고 "만삭되지 못하여서 난 자"(고전 15:8)이자 교회의 핍박자인 바울에게 부활한 자신을 나타내기로 선택한 못 박힌 범죄자와 관련한 그 모든 것이 있다. 그러나 이것들을 통해 하나님을 신뢰하는 신자들이 있다. 벌과 버림받음, 응답 없는 기도와 고통, 죽음과 그 밖의 모든 것에도 불구하고 말이다.

비텐베르크에서 루터의 오른팔이었던 필리프 멜란히톤은 대부분의 경우 십자가 신학에 내재하는 반대적인 것을 좋아하지 않았다. 역설을 정당한 신학적 범주로 여기지 않고 대신 수사적인 범주로 취급했다. 그러나 한 가지 면에서 멜란히톤은 이 개념을 수용해 십자가의 교회론이라 할 수 있는 것을 발전시켰다.[6] 교황 편에 속한 적수들이 사도 계승, 더 많은 숫자, 더 큰 군대에 대해 강력한 주장을 펼치자, 멜란히톤은 마리아와 요셉, 엘리사벳과 사가랴, 그리고 목자들

---

6) Timothy J. Wengert, "Caspar Cruciger Sr.'s 1546 'Enarratio' on John's Gospel: An Experiment in Ecclesiological Exegesis," *Church History* 61 (1992): 60-74.

을 포함하는 약한 1세기 교회를 가리켰다. 이들의 증거는 강력한 말이 아니라 문화적이고 사회적인 약함이 가득한 연약한 말이었으나, 십자가에 못 박히신 그리스도를 믿는 약한 신자들을 가리키기도 한다. 따라서 멜란히톤과 루터에게 교회 자체는 약함 안에 숨겨져 있고, 말씀과 성례전과 고난의 표식으로만 볼 수 있다.

루터와 멜란히톤 두 사람이 교회에서 찬양한 동일한 약함은 성서에서도 마찬가지다. 외적이고 내적인 모든 표식에서 볼 때 성서는 약한 책이다. 약함 가운데 숨은 분으로 보이는, 흙먼지 속에 오시는 약한 하나님을 선포한다. 그리고 바로 그 약함이 성서의 강함이다. 이 책에서 약함은 하나님이 우리에게 오시는 방식이다. 나귀를 타고 예루살렘에 입성하시는 겸손하고 낮은 분, 지혜의 고급스러운 말이 아니라 약함과 떨림 가운데 오시는 분이다.

만약 성서가 그토록 약하고 어리석다면—실제 그렇다—오늘날 미국 그리스도인들은 성서의 약함과 어리석음을 믿고, 가르치며, 선포하는 것이 왜 그토록 어려울까? 답의 일부는 사회적 상황에 있다. 미국인은 1인당 소득이 가장 높은 나라 중 하나, 지구상에서 가장 강력한 나라에서 산다. 권력에 대한 자신들의 주장에 걸맞은 강력한 신과 또한 강력한 성서를 찾는다. 권력에 대한 이런 욕망은 교회에 대한 정의(定義)로까지 번져서, 미국 그리스도인은 교회에서 흔히 왕국, 권력, 영광을 숭배한다. 수많은 TV 설교가와 대형 교회 목사들의 강력한 메시지가 방송과 책방을 가득 채우는 현실에서 무엇이 교회로 받아들여지는지 보라. 그리고 이런 메시지는 다른 종류의 미국 소비주의가 그토록 성공적인 이유와 같은 이유로 전 세계에서 열성적인 청취자들을 찾는다. 지구가 자생적인 폭염이나 이기적인 경제적 붕괴에 휩싸이면, 미국의 목적이 이끄는 삶이나 풍요로운 삶은 어떻게 되는가? 모든 육체가 풀이라면 무슨 소용이 있는가? 미국의 설교자들이 이런 맥락에서 인간의 상태에 대해 진실을 말하는 것을 피한다면, 청중은 강하고 현명한 성서를 찾느라 옴짝달싹 못 할 것이다.

그런데 문제는 이보다 더 깊다. 강력한 성서를 향한 인간의 갈망은 에덴동산까지 거슬러 가기 때문이다. 루터는 이브가 뱀을 만나는 이야기에서 하나님의 말씀에 대한 모든 인간적 경향을 발견했다. "하나님께서 참으로 너희에게…?"라는 뱀의 말에 이브는 "나는 몰라. 하나님께 직접 물어봐"라고 했어야 했다. 그러나 뱀과 대화를 시작했고, 하나님을 변호하려다가 이미 자신의 이성을 신으로 세움으로 첫 계명을 범했다.[7] 강력한 말씀에 대한 우리의 욕심이 거기서 시작되었다. 그러고 나서 동산에서 하나님이 마침내 부부를

7) See WA 42:116-17 (=LW 1:155).

만나실 때 더 나빠졌다. "하나님이 *주셔서 나와 함께 있게 하신 여자*"라는 아담의 말에서, 우리는 옛 자아의 강력한 신학적 논쟁의 핵심을 본다. "*당신께서 만드신* 뱀"이라고 여자는 이어 갔다. 다시 말해, 인간은 너무나 간절히 결정권을 가지고 싶은 나머지 하나님의 말씀(하나님은 여인을 주셨고, 뱀을 창조하셨다. 성서에 그렇게 되어 있다)으로 하나님을 거슬렀다. 죽지 않고 살아서, 하나님의 살아 있는 심판의 말씀을 피하려고 버둥대는 옛 자아에게 주신 강력한 말씀은 "너희가 반드시 죽으리라"(창 2:17)였다. 그래서 일은 저주받고, 출산이 저주받으며, 뱀도 저주받았다. 첫 신자인 아벨이 첫 불신자인 가인에게 죽임을 당하고, 그리하여 그리스도께서 다시 오실 때까지 계속되도록 설정될 옛 자아와 새 자아 사이의 싸움, 창세기 4장에서 마침내 공개된 싸움 외에는 아무것도 없다.[8)]

그런데 싸움은 선택하시는 하나님의 말씀에서도 일어났다. '내가 아벨을 사랑했고, 가인을 미워했다.' '내가 야곱을 사랑했고, 에서를 미워했다.' 하나님은 아벨부터 바울까지 그리고 그 이상으로 약한 자, 멸시받는 자, 소외된 자를, 특별히 패배자들을 위해 패배자들이 쓴 약하고, 멸시받고, 소외된 책을 포함하여 영원히 선택하신다. 성서의 각 장을 통

---

8) 이것이 멜란히톤이 이해한 세계 역사와 특히 교회사의 핵심이다. Timothy J. Wengert, "Philip Melanchthon on Time and History in the Reformation," *Consensus* 30, no. 2 (2005): 9-33을 보라.

해 말씀하시는 하나님의 스캔들은 십자가에 달리시고 떡과 포도주 가운데 오시는, 못 박히신 하나님의 스캔들만큼 크다. 그런데 이 스캔들은 첫 장에서 서술한, 야고보서에 대한 루터의 비판과 관계된다. 이 장의 말로 하자면, 야고보서의 문제는 너무 강하다는 것이다. 그것은 율법을 밀어붙인다. 하나님의 율법인 것은 맞지만, 그래도 율법이다. 그러나 사도들(그리고 목사들과 설교가들은 모두 사도다)에게는 세상의 생명을 위해 못 박히고 다시 살아나신 그리스도를 증거하는 오직 하나의 직분이 있다. 그리스도 안에 있는 하나님의 약함은 신자의 강함*이다*. 누구나 가진 것은 이것뿐이다. 이것은 세상이 원하는 것도, 옛 자아가 원하는 것도, "옛 악한 원수"가 원하는 것도 아니다. 그래서 이들은 신자들이 이 책을 능력과 지혜로 바꾸게 하려고 공모한다. 무흠하고 무오할수록 좋다. 그러나 책 자체는 아브라함과 사라를 선택하시고, 이스라엘을 구원하시며, 바벨론에서 남은 자들을 돌이키시고, 못 박히신 자를 죽음에서 일으키시는 하나님과 함께 면면히 이들을 반대한다.

성서의 중심적 약함 찾기: 로마서

루터와 멜란히톤의 선례를 따르는 성서 해석자들은 종종 "정경 안의 정경"을 가졌다는 혐의를 받는다. 성서의 정경 내에서 작은 텍스트나 책을 더 선호하여 모든 것을 이 좁은 렌즈로 해석하려 든다는 것이다. 물론 이것은 그토록 서로 이질적인 규율과 신탁, 이야기의 수집에 어리석은 일이다. 방어적이 되어 그런 루터란이 성서 전체를 해석한다고 지적하는 것은 쉽다 해도, 결국 성서의 해석자들은 정말로 이를 인정해야 한다. 루터란은 실제로 정경 안의 정경을 가지고 있고, 그런 접근의 약함을 자랑할 수 있다. 아무도 기억하지 않는 것은 정경 안의 정경이 어디서 왔는지, 그렇게 중요한 이유는 무엇인가이다.

이 결점이 흔히 서술되는 방식을 볼 때, 이 해석자들은 그냥 성서를 가지고 오래된 경건한 장난을 친 것처럼 보일 것이다. 임의로 페이지를 잘라 내고 그것을 중심이라고 결정해 버리는 식 말이다. 다시 말해, 루터는 자의적으로 바울과 칭의, 그리고 율법과 복음을 선택했다. 그는 다른 것을 쉽게 선택할 수도 있었다. 실로, 온갖 종류의 궤변가들이 이런 말하길 좋아한다. "당신네 루터란은 로마서로 시작하지만, 우리는 요한복음으로 시작해." 또는 마태복음이나 다른 책으로 시작한다.

물론 이것은 전혀 사실이 아니다. 루터는 시편 강의로 시작했는데, 만일 루터의 목사인 요하네스 부겐하겐(Johnnes Bugenhagen)이 기록했고, 최근 마틴 로먼(Martin Lohrmann)이 발견한 루터의 돌파구에 관한 서술을 믿을 수 있다면, 루터를 괴롭힌 것은 시편의 하나님의 의의 사용이지 바울의 사용이 아니었다.[9] 게다가 루터를 율법의 정죄로부터 구해 준 구절에 대한 바울의 해석으로 처음으로 도입한 사람은 『삼위일체에 관하여』(*On the Trinity*)를 쓴 아우구스티누스였다. 그 후 루터는 (1515-1518년에 로마서, 갈라디아서, 히브리서를 강의하면서) 바울과 (그가 로마서를 해석할 때 사용한) 아우구스티누스의 『영과 문자에 관하여』(*On the Spirit and the Letter*)에 관심을 갖게 되었다. 그러다가 1장에서 말한 '신실한 회당', 즉 하나님 안에 있는 신자들을 발견하고 난 후 1519년에 와서야 시편 전체와 씨름하기 시작했다.

루터교의 정경 안의 정경에 관한 이야기의 도입부가 왜곡되어, 루터와 후대 루터란은 강박성 바울 장애 진단을 받았을 뿐 아니라 이야기의 후반부도 일그러졌다. (갈라디아서 주석은 두 권 출판한 것과는 반대로) 로마서 주석은 출판한 적이 없는 루터

---

9) Martin Lohrmann, "A Newly Discovered Report of Luther's Reformation Breakthrough from Johannes Bugenhagen's 1550 Jonah Commentary," *Lutheran Quarterly* 22 (2008): 324-29.

는 이제 로마서를 올바로 이해하지 못하고 칭의를 망쳤다는 비난을 받고 있다. 로마서에 관한 5권의 개별 주석을 출판한 필리프 멜란히톤은 현대 성서학자들에게 거의 완전히 홀대당하는데, 이는 멜란히톤이 철학을 선호해 성서를 버렸다고 비난한, 교회의 "초당파적" 역사를 출판한 18세기 초 출판인의 의견을 실제로 반영한다.[10] 루터란은 정경 안의 정경을 가졌을 뿐 아니라, '바울에 대한 새 관점"에 따르면, 그들의 정경은 정경 안에도 없었다.[11]

여기서 작은 역사가 도움이 된다. 첫째, 루터와 멜란히톤 두 사람은 정당한 인문주의자였다. 다시 말해, 그들은 그 시대의 학자들처럼 가장 최신의 성서 접근법을 사용했다. 인문주의자들이 외친 것은 "*보내 리테래*"(*bonae litterae*, 고급 라틴어를 사용하고 좋은 책을 읽으라)와 "*아드 폰테스*"(*ad fontes*, 가장 순수한 자료로 돌아가라)였다. 다음 세대의 루터란들이 일치신조에서 성서에 관해 서술할 때 성서는 무흠하거나 무오하다고 하는 대신 "이스라엘의 순수하고, 맑은 원천"으로 부른 것은 놀랄

10) Gottfried Arnold, *Unpateiische Kirchen-und Ketzer-geschichte* (Frankfurt/Main: Thomas Fritsch, 1700), 554.

11) 5장에서 좀 더 자세히 살피겠지만, 신성 로마 제국과 유사한 바울에 대한 새 관점은 새롭지도 바울적이지도 않다. 이 그룹이 "새롭다"고 주장하는 것의 대부분은 히에로니무스와 에라스무스가 이미 말했던 것이고, 두 사람의 바울 해석은 개혁자들에게 잘 알려져 있었다. 만일 바울의 주된 관심이 어떤 난해한 유대 종교 규율에 관한 것이었다면, 그는 결코 "율법에 대하여 죽었나니"(갈 2[:19]) 식으로 기이하게 말하지 않았을 것이고, 탐욕을 금하는 계명을 두고 계속 싸우는 것에 대해 말하지 않았을 것이다(롬 7장).

일이 아니다. 인문주의자나 르네상스 시대의 성서 읽기를 그들의 선배 스콜라학자들의 성서 읽기로부터 구분하는 것 중 하나는, 성경의 책들을 실제 청자와 실제적인 소통 방법을 지닌 실제 저자가 기록했다고 이해하는 것이다. 따라서, 예를 들어 필리프 멜란히톤은 성서 해석사에서 로마서의 수사적 구조를 분석한 첫 인물이다. 바울이 실제로 어떻게 그의 논의를 구성했는지, 수사학적으로 말하며 어떻게 자신의 생각을 체계화했는지 분석한 것이다.[12)]

그러나 이런 접근법은 또한 여러 면에서 이전 세대의 주석가들이 홀대했거나 심지어 잊고 있었던 다른 것을 가정하기도 했다. 인문주의자들은 어떤 책을 분석할 때, 독자가 주요 논점을 파악할 수 있다고 가정했다. 따라서 그들은 성서의 각 책에서 논증(*argumentum*, 기본 요점 또는 논점)을 찾았다. 이것은 에라스무스, 장 칼뱅, 그리고 비텐베르크 개혁자들에게 사실이었다. 그다음 루터와 멜란히톤이 주장한 것은 성서 자체가 일종의 논증 또는 목표(*scopus*)를 함유한다는 것이다. 즉, 로마서가 그렇다. 여기에서 두 사람은 다른 인문주의자들, 특히 에라스무스와 결을 달리한다. 에라스무스는

12) On Philip Melanchthon, see Timothy J. Wengert, "Philip Melanchthon's 1522 Annotations on Romans and the Lutheran Origins of Rhetorical Criticism," in *Biblical Interpretation in the Era of the Reformation*, ed. Richard A. Muller and John L. Thompson (Grand RapidsL Eerdmans, 1996), 118-40.

자신의 신약성서 해석에 그가 도덕적인 "둥지들"이라 부른 작은 방들을 도입했는데, 이것은 키케로나 다른 이교도 도덕론자들에게서 빌린 것이다. 그는 그 방들에 성서의 다양한 본문을 집어넣었다. '여기에는 금식에 관한 본문, 저기에는 순결에 관한 본문, 여기에는 정직에 관한 다른 본문, 저기에는 인내에 관한 본문' 식이었다. 따라서 로마서에 이르렀을 때 에라스무스는 처음 열한 장은 바울이 할례를 두고 벌이는 싸움과 관련 있으므로 에라스무스의 독자들에게는 적용되지 않는다고 말했다. 대신 그는 바울이 자신의 윤리를 제시한 12-15장에 집중했다.

루터와 멜란히톤은 근본적으로 다른 시각으로 보았다. 루터의 말을 빌리면, 로마서에서 바울은 복음 전체를 요약해 보이고, *또 그러려고 했다.* 즉, 우리는 율법의 행위 없이 믿음으로만 의롭게 된다. 이것이야말로 하나님이 에덴동산 이래로, 가인과 아벨 이래로 해 오신 일이다. 에라스무스의 해석은 단지 더 많은 야고보서(즉, 더 많은 율법)와 조금뿐인 그리스도에 불과하다. 새로운 것이 있다면 에라스무스가 그리스도를 그의 "군사들"에게 도덕적인 교훈을 주는 새로운 모세로 상상한 것이다.[13] 바로 이런 접근에 반대하여 루터는 자신의 독일어 신약성서의 로마서 번역본 서문을 마련했다.

---

13) 그가 쓴 가장 인기 있는 책 중 하나는 『크리스천 군사를 위한 지침서』(*Enchiridion militis Christiani*)다.

이 서신이야말로 신약성서의 진정한 요점이고, 가장 순수한 복음 자체다. 이 책이야말로 그리스도인이 한 글자 한 글자 외울 뿐 아니라, 영혼을 위한 일용할 양식으로서 함께 걸을 가치가 있다. 누구든 결코 너무 많이, 또는 너무 잘 읽거나 살필 수 없다. 사용하면 할수록 이 책은 더 귀해지고 더 맛을 낸다.[14)]

동일한 서문에서 루터는 주요 용어들을 정의했다. 루터는 은혜(grace)란 (에라스무스가 헬라어 *charis*와 관련해 이미 발견하고 그의 『신약성서 주석』[*Annotations to the New Testament*]에서 진술했듯이) 하나님의 호의와 긍휼이라고 썼다. 죄란 단순히 우리의 비행(misdeeds)이 아니라 우리 마음 깊은 곳에 있는, 자아에 대한 우리의 사랑과 신뢰다. 그리고 믿음이란 인간의 꿈이나 투사(projection), 인간의 행위나 결단이 아니라,

우리를 변화시키는 우리 안에서 일어나는 신적인 활동, 하나님으로부터 새로 태어남(요 1:12), 마음과 신경과 감각과 모든 능력에서 완전히 다른 피조물을 만들고 성령을 동반하는 옛 피조물의 죽음이다. 오, 살아 있고, 창조하고, 능동적이고, 강력한 것이 믿음을 둘러싸고 있기에 그것이 선한 일을 계속하지 않는 것은 불가능하다. … 믿음은 하나님의 은혜에 대한 생생하고 능동적인 신뢰이며, 그렇기에 이를 위해 확실히 천 번도 죽을 수 있다. 그리고 하나님의 은혜에 대한 이 같은 신

---

14) WA DB 7:3, 1-11 (=LW 35:367).

뢰와 지식은 사람이 하나님과 모든 피조물을 향해 기쁘고 담대하고 행복하게 하는데, 이는 성령께서 믿음 안에서 하시는 일이다. … 그런 믿음이 당신 안에서 역사하도록 하나님께 기도하라. 그렇지 않으면 당신은 무엇을 상상하든, 무엇을 할 수 있든, 무엇을 원하든 믿음 없이 영원히 남을 것이다. 이런 믿음이 의(義)이고, 하나님의 의라고 불리는데, 이는 하나님의 선물이기에 하나님 앞에서 의로 여겨진다.[15)]

이것이 문제의 핵심이고, 이것이 우리가 위에서 정의한 방식으로 "루터란" 주석가들이 죽어 가는 종(種)인 이유다. 모든 성서는 오직 믿음으로 받은, 하나님이 그리스도 안에서 의롭다고 칭하시는 것에 달려 있으며, 루터의 말에 따르면, 모든 성서는 하나님께 속한 것인 모든 영예, 영광, 그리고 의로움을 하나님께 드리는 믿음으로 돌아간다. 갑자기, 더 이상 사람이 하나님을 기쁘시게 하기 위해 의로워지는 것이 아니라 하나님이 모든 카드를 쥐신다. 우리는 홀로 그리스도의 의로운 옷을 입고 먼지와 재 속에서 회개한다. 이것이다. 여기에 정말 성경의 중심이 있고, 로마서의 바울이 바로 그것이다. 우리 그리스도인의 삶은 율법을 성취하는 것도 아니고, 단순히 일부 진기한 유대 의식을 제쳐 두고 기독교 의식으로 대체하는 것도 아니다. 우리의 생명은 그리스도의 의로 옷 입은 채 하나님 안에서 그리스도와 함께 숨

15) WA DB 7:10, 6-29 (=LW 35:370-71).

겨졌고, 이것이 신약성서 전체(그리고 실제로 성서 전체)의 중심이라는 루터와 멜란히톤의 어리석은 주장이 여전히 모든 것의 핵심이다. 우리는 율법의 행위 없이 믿음으로만 의로워진다. 십자가의 신학을 성서에 적용하는 일은 정경 안의 바로 *이* 정경(경건치 않은 이들을 의롭게 하시는 의로우신 하나님, 죄인들을 위해 죽으시는 그리스도, 하나님과 오직 믿음으로 사는 그리스도인의 삶의 관계)을 주장하게 한다.

복음의 중심 찾기

그런데 십자가 신학이 담금질한 이 르네상스적 통찰력을 사용하는 다른 길도 있다. 따라서 호스킨스(Hoskins)와 데이비(Davey)가 "신약성서의 수수께끼"라고 부르는 성서의 중심뿐 아니라,[16] 다른 책들의 수수께끼 또는 논증(*argumentum*, 요점)을 찾을 수 있다. 많은 목회자가 대부분 주일에 지정된 복음서 본문을 설교하므로, 우리는 이 네 책을 살펴보기 위해

16) Edwyn Hoskyns and Francis Davey, *The Riddle of the New Testament*, 3rd ed. (London: Faber & Faber, 1947). 복음서에 대한 멋진 루터란적 접근법을 보려면 다음을 참조하라: Gordon W. Lathrop, *The Four Gospels on Sundays: The New Testament and the Reform of Christian Worship* (Minneapolis: Fortress, 2012).

루터와 멜란히톤의 통찰을 사용할 것이다. 현재 사용 중인 초교파적 3년 주기 성서정과 본문은 공관복음 중 하나에 집중되고, 요한복음은 3년 주기 전반에 퍼져 있다.[17] 물론 지정된 본문을 읽는 것은 "차별되지 않는 문제"(*adiaphoron*: 스토아 철학에서 유래한 개념으로, 성경에서 명하지도 금하지 않는 것-역자 주)다. 그러나 이런 성서정과를 사용하는 것은 전국의 예배, 그리고 실로 온 세계와 많은 다른 교파가 같은 날 같은 본문을 읽으며 연합되기에 각 회중이 혼자가 아님을 보여 준다.[18] 따라서 이 공동의 읽기는 교회 연합의 훌륭한 외적 표지다. 심지어 루터도 중세의 일 년 주기 성서정과를 유지하면서, (많은 개혁 교회는 그렇게 했지만) 모든 그리스도인의 합의 없이 이를 변경하기를 거절했다. 그런 합의가 이제 존재한다. 게다가 정기적으로 교회에 출석하는 이들은, 함께하는 구성원들과 더불어 3년마다 전체 성서의 상당 부분을 소리 내어 읽는 것을

17) 주일에 지정된 본문을 사용하는 것을 강하게 옹호하는 견해를 보려면 다음을 참조하라: Melinda Quivik, "Re-Assembly: Participation as Faith Construction," in *Centripetal Worship: The Evangelical Heart of Lutheran Worship*, ed. Timothy J. Wengert (Minneapolis: Augsburg Fortress, 2007), 47-65.

18) 이 점은 2011년 「필라델피아 인콰이어러」(*Philadelphia Inquirer*)지가 버락 오바마(Barack Obama) 대통령이 워싱턴 DC의 한 교회에 방문한 일에 대해 쓴 기사에서 (그와 나에게 동일하게) 봉독된 성서 구절만 언급했을 때 내게 뼈저리게 다가왔다. 이 같은 초교파적 사업으로부터 자유롭기를 외쳐 대는 루터란 해석자와 신학자는 자신들이 개혁주의 전통에서 얻은 접근법에 헌신하고 있음을 보여 줄 뿐이며, 자신들의 학생과 교인 들로부터 예배에서 성서를 훨씬 더 복음적으로 읽을 수 있는 길을 빼앗는 것이다.

들을 것이다. 물론 이 지정된 본문을 아주 진부한 방식으로 읽어 아무도 거기 있고 싶지 않게 만들 수도 있겠지만 말이다. 그러나 그것은 좋은 질서를 나쁘게 실행하는 문제고 질서 자체를 반영한 것은 아니다. 그러니 주일을 위해 지정된 본문, 특히 복음서 본문을 설교하는 이에게 다음 내용은 루터의 눈으로 복음서를 읽고 선포하는 데 도움이 될 것이다.

마태복음은 다루기가 좀 까다롭다. 자칫 도덕적으로 읽기 쉽기 때문이다. 불행하게도 마태복음은 "새 율법"의 복음서라고 많은 해석이 암시하고 많은 주석서가 주장한다. 5-7장의 산상설교, 23장의 바리새인에게 주는 경고들, 그 사이의 많은 가르침이 그 예다. 더 나쁜 것은, 마지막에 예수께서 "*내가 너희에게 분부한 모든 것을 가르쳐 지키게 하라*"고 하신다. 더 많은 율법처럼 들린다! 그래서 하나님의 은총을 설교하는 데 헌신한 일단의 설교자들은 숨을 죽이고 마가와 누가의 해가 오길 기다린다. 다른 이들은 자신의 불쌍한 교인들을 자신들도 성취할 수 없는 율법으로 학대한다. 이런 회의론과 대조적으로, 필리프 멜란히톤의 마태복음 서론은 훨씬 더 복음 지향적이고, 모든 복음서에 쉽게 적용된다. 그는 이렇게 쓴다.

> 복음의 이야기를 들려주는 책을 해석할 때, 언제나 율법과 복음의 구분에 대해 먼저 말해야 한다. 약속에 대해 언급하고

> 난 다음에는, 이 이야기들은 사도들이 증인이 되고, 메시아가 보내심을 받아 나타나셨다는 것을 후대가 확신하게 하려는 목적으로 기록되었다는 점을 덧붙여야 한다. 셋째, 복음서 읽기는 기본적으로 다음의 네 가지로 구성된다고 말할 수 있다. (1) 그리스도가 누구시며 어디서 오셨는가에 관한 이야기, (2) 그가 사기꾼이 아닐 뿐 아니라, 참으로 하나님으로부터 보내심을 받았고 그분의 가르침은 참됨을 증거하는 이적들, (3) 엄밀한 의미의 복음에 대한 설교들. 즉 "누구든지 아들을 믿는 자는 멸망하지 않으리라" 또는 "수고하고 무거운 짐 진 자들아 다 내게로 오라"와 같은 영생에 관한 설교, (4) 선행에 관한 설교는 율법에 대한 설교와 율법에 대한 해석과 같으며, 회개에 관한 설교와 관계가 있다. 그리고 (죄 용서는 값없이 주어진다는) 이 빛을 잃지 않도록 교훈과 약속 사이의 구분은 부지런히 지켜져야 한다.[19]

멜란히톤이 율법과 복음 사이를 주의 깊게 구분한 것은 신약학자 로빈 매티슨(Robin Mattison)의 언급과 견줄 수 있을 것이다. 그녀는 마태복음 공부를 지도하기 위해 준비하면서 당황한 종교개혁사 교수(저자)에게, 마태복음을 이해하는 것은 마태복음 1:21-23로 귀결된다고 지적한 적이 있다. "아들을 낳으리니 이름을 예수라 하라 이는 그가 자기 백성을 그들의 죄에서 구원할 자이심이라 하니라 이 모든 일이 된 것은 주께서 선지자로 하신 말씀을 이루려 하심이니 이르시

19) CR 14:543-44.

되 보라 처녀가 잉태하여 아들을 낳을 것이요 그의 이름은 임마누엘이라 하리라 하셨으니 이를 번역한즉 하나님이 우리와 함께 계시다 함이라."

갑자기 이 하나의 통찰, 말하자면 마태복음의 이 논증으로 무장하자, 전체 복음서와는 완전히 다른 얼굴이 등장했다. 만약 이것이 모든 것의 심장이요 중심이라면, 복음서의 다른 모든 것은 이것을 중심으로 돌아간다. 예를 들면, 복음서 끝부분의 의미가 살아난다. "하늘과 땅의 모든 권세를 내게 주셨으니 … 볼지어다 내가 세상 끝날까지 너희와 항상 함께 있으리라"(마 28:18-20). 하나님이 우리와 함께하신다! 그렇게 되면 동방박사 이야기도 우리와 함께하시는 하나님, 메시아에 관한 것이다! 그리고 산상수훈 일부분은 실로 복음이 아니라 하나님이 백성에게 두 번째로 율법을 주신 것이다. "~ 하였다는 것을 너희가 들었으나 … 나는 너희에게 이르노니…" 다시 말해, "너희는 죽이는 말씀을 원하지만 이렇게 하는 것이 어때!"가 된다. 7장 끝에서 예수께서 권위 있게 말씀하셨다는 사람들의 논평은 요점을 나타낸다. '이 분은 경건한 도덕론자가 아니라 우리와 함께하시며 말씀하시는 하나님이십니다!'

그런데 산상수훈 안에는 놀라운 복음도 있다. 많은 이가 팔복을 율법처럼 취급하고, 루터마저도 그의 훌륭한 해석에서 그렇게 했다.[20] 그러나 만일 우리와 함께하시는 하나님이

시라면, 우리에게는 율법을 깨시고, 죽음을 비웃는 약속을 말씀하시는 임마누엘이 계시는 것이다. 보다시피 심령이 가난한 자, 온유한 자, 평화를 만드는 자, 의에 주리고 목마른 자, 그 밖의 모든 자는 행복이나 복 받은 상태와 멀다. 실로 그들은 결코 그렇지 않다! 그런데 예수께서는 그들에게 복이 있다고 선언하시고, 그들에게 어떤 일이 일어날지 약속하신다.

슬퍼하는 자들에게 "애통하는 자는 복이 있나니"라고 하는 팔복을 생각해 보자. 예수께는 죄송한 말이지만, 아니다! 사실이 아니다. 애통하는 자에게 복이 있지 않다. 불행하고, 상실감에 젖어 있고, 공허하고, 희망이 없고, 절망할 수는 있지만 복이 있는 것은 아니다. 세상은 심지어 그들을 저주받았다고 부를 수 있다. 그런데 세상이 약하고 어리석게 여기는 이들을 예수께서는 그 반대로 부르신다. "하나님이 우리와 함께하신다"는 사실이 아닌 것처럼 보이는 것을 단순히 사실로 선언하신다. 어째서 그런가? 그들은 위로를 *받을* 것이기 때문이다. 흑인 영가에서 노래한 "깨어날 그 위대한 아침"에, 존 도버스타인(John Doberstein)이 언젠가 말한 대로, 세상에서 부서진 이들이 하늘에서 함께 만날 그 어느 날에 말이다.[21]

---

20) WA 32:305-42 (=LW 21:10-53).
21) John Doberstein, ed., *A Minister's Prayer Book* (Philadelphia:

하지만 다른 팔복도 마찬가지다. 마가복음은 우리에게 좀 더 쉬울 수 있다. 로이 해리스빌(Roy Harrisville)이 『마가복음의 이적』(*The Miracle of Mark*)에서 쓴 것이 옳다면 더욱 그렇다.[22] 개혁자들은 마가복음에 대해 할 말이 많지 않았다. 그들은 마가복음을 마태복음의 요약본 정도로 여겼다. 그러나 19세기에, 학자들은 마가복음이 제일 먼저 기록된 복음서이고, 마태복음과 누가복음은 나중에 나왔다는 결론에 도달했다. 복음서 기자 중에 십자가의 신학자가 있다면 바로 마가다. "하나님의 아들 예수 그리스도의 복음의 시작이라"라고 선포하는 첫 구절에서 보듯, 그는 '복음'이라는 용어를 사용해 완전히 새로운 문학 장르를 만들었다. 그런데 이야기가 전개되면서 우리가 합리적으로 살필 수 있는 마지막 장소에서, 우리에게 권한이 있었더라면 간신히 뽑았을 사람들이 믿는 하나님의 아들과 맞닥뜨리게 된다. 먼저 우리는 요한이라는, 광야에서 세례를 주는 좀 괴짜 같은 인물을 만난다. 그런 뒤, 회당에서 귀신들이 나와 소리 지르며 먼저 비밀을 처음으로 떠벌린다. 그런 다음 어떤 불구자(지체장애인에 대한 당시 사회의 경멸을 보여 주는 말을 사용해)가 지붕을 통해 내려지고, 예수

Muhlenberg, 1959), 46. 2001년 5월 18일 이래 혼자된 나도 그 약속을 붙잡고 산다.

22) Roy Harrisville, *The Miracle of Mark* (Minneapolis: Augsburg, 1967). 해리스빌은 복음서 전체를 빌립보서 2장에 나오는 그리스도 찬양에 대한 설교로 읽는다. 그 찬양에서, 십자가에 못 박히신 하나님의 아들로서 수치에서 높임 받음으로 옮겨 간다.

께서는 신성 모독의 확실한 표지로 단순히 치유해 주시는 대신 죄 사함을 선포하신다. 4장에 이르면, 예수께서는 비유로 말씀하셔서 사람들이 믿지 않도록 하신다. 여기 스캔들이 있다! 복음서의 한가운데에 있는 마가복음 8장은 십자가를 정면으로 마주했을 때 "정답"을 외친 베드로를 묘사한다. 예수께서는 멸시하며 베드로에게 "사탄아 내 뒤로 물러가라"고 하신다.

마가복음 9장은 필리프 멜란히톤과 루터가 가장 좋아한 구절 하나를 담고 있다. 예수께서 믿음만이 그의 어린 아들을 도울 것이라고 하셨을 때 아버지가 한, "내가 믿나이다 나의 믿음 없는 것을 도와주소서"(막 9:24)라는 대답이다. 바울이 로마서 7:19에서 "내가 원하는 바 선은 행하지 아니하고 원하지 아니하는 바 악을 행하는도다"라고 분명히 말한 것처럼, '의인인 동시에 죄인'(*simul iustus et peccator*)이 있다. 그런데 여기에 '믿는 동시에 믿지 않는 자'(*simul credens et incredens*)가 있다! 그리스도교 신자는 *안페흐퉁*(Anfechtung)의 한가운데, 즉 능욕과 공격을 받으며 산다.[23] 의심은 믿음의 반대가 아니다. 실로 오직 신자만이 의심할 수 있다! *그리스도에 대한* 믿음의 반대는(이 시점에서 믿음의 대상을 추가해야 한다) 자신에 대한 믿음인데, 바로 아이의 아버지가 자신에게는 없

23) See Timothy J. Wengert, *Martin Luther's Catechisms: Forming the Faith* (Minneapolis: Fortress, 2009), 86-97.

다고 고백한 것이다. 마가는 똑같은 '동시에'를 자신의 복음서 끝에 둔다. 믿기지 않을 수 있으나, 십자가 곁에 있던 유일한 신자는 예수께서 숨을 거두신 직후 "이 사람은 진실로 하나님의 아들이었도다"라고 외친 로마 백부장이다. 그리고 그는 무덤에서 허둥지둥 도망하고 두려움에 사로잡혀 아무에게도 말 못하는 여인들 이야기로 끝낸다. 물론 그들이 누군가에게는 말했을 것이다. 십자가에 못 박히시고 부활하신 그분의 예배자인 우리가 그 증거다.

그래서 성서정과는 "하나님이 우리와 함께하신다"를 일 년간 설교하게 한 뒤, "합리적으로 살필 수 있는 마지막 장소에 있는 하나님의 아들"로 한 해를 보내게 한다. 사람들을 각종 위원회에 봉사하고 더 많은 헌금을 하게 하거나, 재미있는 이야기를 들려주거나, 감정을 공유하기 위해 설교를 이용하는 대신, 목회자들이 2년 동안 이 본문의 중심만을 설교한다면 무슨 일이 일어날까? 처음 두 복음서의 모든 본문은 그 중심으로 돌아올 수 있다. 우리가 선택하는 중심이 아니라 복음서 기자들이 선포하는 그 중심임을 주의하라.

그다음 누가복음이 온다. 이 책은 '*당신을 위한*' 구원의 복음이다. 우리는 누가복음 전반에 걸쳐 이것을 듣지만, 가장 특별하게는 목자들에게 하신 누가복음 2:11의 유명한 말씀이다. "오늘 다윗의 동네에 너희를 위하여 구주가 나셨으니 곧 그리스도 주시니라." *너희를 위하여!* 그리고 1장에서 마리아는 천사로부터 같은 메시지를 받아 마리아의 찬가(Magnificat)로 노래한다. 바로 몇 구절 뒤에서 말 못하는 스가랴는 스가랴의 노래(Benedictus)를 최저음으로 노래한다.

이 복음서에서 "당신을 위한"을 볼 수 있는 장소 중 하나는 누가복음만이 기록하는 비유들이다. 우리가 해석하면서 율법으로 바꾸는 경향이 있긴 하지만 말이다. 선한 사마리아인 비유(눅 10:25-37)는 혈연관계와 상관없이 도움이 필요한 모든 사람을 우리의 이웃으로 만드는 법을 전한다. 그러나 만일 설교자가 "누가 이 선한 사마리아인인가?"라고 묻는다면 어떻게 될까? 우리가 이 비유를 문자적으로 받아들일수록 선한 사마리아인 직무에 합당한 후보자들은 천천히 떠나고, 한 사람만 남는다. (부분적으로는 바로 이 비유의 율법에 의해) 두들겨 맞고 길에서 죽어 가는 우리를 발견해 교회라는 여관에 재워 주시고, 두 성례전을 베푸시며, 우리의 모든 빚을 갚기 위해 올 것을 약속하시는 우리 주 예수 그리스도시다. 물론 어떤 이들은 이것을 고약한 알레고리적 해석이라고 상상할 수 있고 그 말이 맞을 수도 있다. 그렇지만 비유가 "선한 사마리아인"이 될 수 있는 모든 다른 후보를 제거하며 청자에게 법을 시행하고 그들을 정죄하지 않을 때라야 그렇다. 어쨌든 루터도 설교할 때 이 비유에 대한 고대교회의 알레고리적 해석을 언급하지 않은 일이 없었다. 누가는 "자기를 옳게 보이려고 예수께 여짜오되…"(눅 10:29)라는 말을 덧붙였을 때 위험을 이해하고 있었다. 따라서 이 비유는 율법을 최소화하고 성취할 수 있는 것으로 만들려는, 자기 정당화를 하는 옛 자아를 겨냥한다. 이 비유의 율법이 효과를 발휘하면, 청자는 길가에 무력하게 누워 속절없이 구세주를 기다린다.[24)]

헬무트 틸리케(Helmut Thilicke)가 수십 년 전에 말한 대로, 탕자의 비유(눅 15:11-32)는 (의심의 여지 없이 형들에 의해) 이름이 잘못 붙여졌다. 기다리는 아버지 비유라고 불렀어야 한다.[25)] 그런데 그 제목도 그렇게 맞는 것은 아니다. *달려 나가는* 아버지의 비유다. 아버지는 탕자를 맞이하기 위해 달려 나가고, 형을 잔치에 초대하려고 두 번째로 집에서 나온다. 말 그대로 두 형제는 정확히 같은 덫에 걸렸다. 바로 자신이 아버지의 아들임을 믿지 않은 것이다. 동생은 집으로 돌아오면서, '지금부터는 아버지의 아들이라 불릴 자격이 없으니

---

24) 계명을 이루시는 그리스도에 대한 유사한 입장은 루터교 신앙 고백서에 있는 루터의 대교리문답 십계명 해석에도 나온다. "그토록 깊이 뿌리를 내렸고, 여태 모두에게 붙어 있는 치명적인 남용을 제거하여, 세상 모든 종류의 사람이 스스로 이 계명들만을 바라보고 주의를 기울이는 데 익숙하게 하려고 나는 이것을 반복해서 말한다. 십계명의 교리나 사회 질서와 버금가는 교리나 사회 질서를 사람들이 만들어 내는 데는 긴 시간이 걸릴 것이다. 그 계명들을 성취하는 것은 인간 능력 이상이기 때문이다. 그것들을 성취하시는 분은 천상적이고 천사 같은 분으로, 이 땅의 모든 거룩함보다 훨씬 뛰어나다."

25) Helmut Thilicke, *The Waiting Father: Sermons on the Parables of Jesus,* trans. John W. Doberstein (New York: Harper, 1959). 영어 제목은 영어 번역자인 도버스타인이 제안한 것이다.

저를 노예로 삼아 주십시오'(눅 15:19)라는 말을 연습한다(여담이지만, 이런 사실이 앞에 나온 "스스로 돌이켜"라는 말을 예수를 영접하거나 회개하기로 한 결단으로 보아서는 안 되는 좋은 이유다. 탕자는 아버지가 그를 그가 아닌 존재로 불러 주고, "살아 있고 찾은 바 된 아들"이라는 상상할 수 없는 존재로 불러 줄 때까지 깊은 불신 속에 있었다. 탕자의 이성은 그가 노예가 되는 것을 허락한다. 오직 아버지의 자비만이 그를 아들이라고 부른다) 그리고 형은 '내가 여러 해 아버지를 *섬겼다*'(눅 15:29, 영어 성경 NIV나 헬라어 원문은 '종노릇하다'라는 의미의 동사 사용. 역자 주)고 말하는데, 아들이나 상속자의 말이 아니다! 아버지는 두 아들에게 이와 반대인 사실을 선언한다. 둘째에게는 "내 아들"(눅 15:24)이라고 한다. 첫째에게는 "얘, 내 것이 다 네 것"(눅 15:31)이라고 고백까지 한다. 아버지가 이렇게 이야기한 뒤 첫째가 어떻게 했을까 궁금한 사람이 있다면, 비유가 무엇에 관한 것인지 아무 생각이 없는 것이다. 아버지가 두 죄인을 아들로 부르는 것에 모든 것이 있다. 첫째와 둘째 아들(그리고 이후 대다수 해석가들)이 믿을 수 없었던 것은, 정확하게 '아버지의 약속이 그들을 위한 것'이라는 사실이다!

세리와 바리새인 이야기(눅 18:9-14)는 누가복음 안에서 볼 수 있는 "당신을 위한"의 또 하나의 좋은 예다. 여기서 신앙이란 자기와 자기 성취에 관한 것일 뿐인 한 사람은 자기 의로 가득 차 집으로 돌아가지만 정작 의롭다 함을 받지 못한다. 반면, 희망 없는 한 사람은 죄를 고백하고 자비를 간청해 하나님의 판단이 옳다고 인정하고, 따라서 예수에 의해 의롭다 함("내가 너희에게 이르노니 … 이 사람이…")을 받고 집으로 간다. 따라서 진정한 죄인을 의롭게 하는 것은 그 사람의 비애가 아니라 예수의 뜻밖의 선언이다.

이 같은 일을 하는 누가복음의 비유가 많이 있지만, 이 세 가지면 누가복음은 구원이 *당신을 위한 것*이라는 놀라운 말씀을 선언한다는 점을 보여 주기에 충분하다. 누가복음에서 십자가에 달리신 예수께서 "아버지 저들을 사하여 주옵소서 자기들이 하는 것을 알지 못함이니이다"(눅 23:34)라고 하신 것은 이상한 일이 아니다. 1529년 루터는 이 본문을 설교하면서 "'아버지 저들을 사하여 주옵소서'라는 말씀 아래, 그분이 기도하신 수많은 죄인 중에 나를 꼭 포함시켜야 한다"고 보탰다.[26)]

필리프 멜란히톤이 이 복음서에서 좋아한 구절은 24장에 있다. 누가는 자신의 속내를 비치며 복음서와 성서 전체가 무엇에 관한 것인지 드러낸다. "이에 그들의 마음을 열어 성경을 깨닫게 하시고 또 이르시되 이같이 그리스도가 고난을 받고 제삼일에 죽은 자 가운데서 살아날 것과 또 그의 이름으로 죄 사함을 받게 하는 회개가 예루살렘에서 시작하여 모든 족속에게 전파될 것이 기록되었으니 너희는 이 모든

---

26) WA 29:241, 1-2, 25-26 (cf. Martin Luther, *The 1529 Holy Week and Easter Sermons of Dr. Martin Luther*, trans. Irving L. Sandberg [St. Louis: Concordia, 1999] 106).

일의 증인이라"(눅 24:45-48). 신약성서 어디서든 분명히 진술하듯, 예수의 죽음과 부활은 우리의 죽음과 부활, 다시 말해 회개(옛 자아의 죽음)와 용서(새 자아의 탄생)는 서로 짝을 이룬다. 멜란히톤은 아우크스부르크 신앙고백 변증서(The Apology of the Augsburg Confession)에서만 이 구절을 세 번 인용하는데, 여기에는 이런 요약도 포함된다. "복음 설교의 요점은 죄를 정죄하고, 죄 용서, 그리스도로 인한 의, 성령, 영생을 주어서 다시 태어난 사람으로서 선을 행하게 하는 것이다. 그리스도께서는 누가복음의 마지막 장에서 '내 이름으로 죄 사함을 받게 하는 회개가 모든 족속에게 전파될 것'이라고 하셨을 때 이 사실을 복음의 요점에 포함시키셨다."[27] 예수 그리스도께서 우리를 대적하지 않으시고 우리를 위하신다는 것을 멜란히톤 방식으로 말한 것이 아니면 무엇이겠는가?

마침내 우리는 마르틴 루터가 가장 좋아한 요한복음에 이른다. 요한의 고백에 의하면, 그것은 믿음의 복음서다. 1522년에 출판된 『성탄절 설교집』(*Christmas Postil*)에서 루터는 이미 요한복음 1:12이 전체 복음서의 요지라고 했다. "영접하는 자 곧 그 이름을 믿는 자들에게는 하나님의 자녀가 되는 권세를 주셨다."[28] 우리는 행위가 아니라 오직 믿음으로 예수를 영접한다. 요한의 이 강렬하고 믿음 충만한 견

---

27) AP XII.29-30, in BC, 191-92.
28) WA 10/1/1:228, 3 (=LW 52:75).

해는 먼저 필리프 멜란히톤의 1523년 주석서에 울려 퍼졌다.[29] 그런데 더욱 현저하게 울려 퍼뜨린 이는, 루터가 자신의 엘리사라고 부른, 루터와 멜란히톤의 애제자 카스파어 크로이치거 1세(Caspar Cruciger Sr.)였다. 그가 어렸을 때 그의 부모는 라이프치히에서 비텐베르크로 이사했고, 그는 그곳에서 1520년대 초부터 학업을 시작했다. 1520년대 중반 엘리자베트 폰 메세리츠(Elizabeth von Meseritz)라는 도망친 수녀와 결혼했다. 그녀의 그리스도 찬가는 1524년 첫 개신교 찬송가에 수록되었고, 지금까지 『복음주의 루터교회 예배』(Evangelical Lutheran Worship-미국 복음주의 루터교의 표준 예식서)를 포함한 많은 루터란 찬송가에 수록되고 있다. 그는 한때 니콜라우스 폰 암스도르프(Nicholas von Amsdorff)의 지도하에 마그데부르크의 라틴어 학교에서 가르쳤고, 1530년대에는 비텐베르크로 돌아와 신학 박사 학위를 받고 루터와 나란히 가르치기 시작했다.

1546년 크로이치거는 네 번째 복음서에 대한 주석을 출판했는데, 아마도 멜란히톤이 그에게 제공한 필기 내용에 근거했을 것이다. 책의 중심에 대해 기술한 논증에서 크로이치거는 지금은 우리가 당연시하는 것을 주석 첫머리에 주

29) See Timothy J. Wengert, *Philip Melanchthon's Annotations in Johannem in Relation to Its Predecessors and Contempoaries* (Geneva: Librairie Droz, 1987), especially chapter 6.

장한 첫 해설가가 되었다. 그는 요한복음 20:30-31이 전체 복음서의 요점이라고 주장했다. "이것을 기록함은 너희로 예수께서 하나님의 아들 그리스도이심을 믿게 하려 함이요 또 너희로 믿고 그 이름을 힘입어 생명을 얻게 하려 함이니라."[30]

대안적인 해석은 요한복음을 그리스도의 신성에 대한 철학적 주장으로 축소한다. 실제로 멜란히톤 자신도 1523년 주석서에서, 그리스도의 신성을 부정하는 자들에게 대항해 그리스도의 신성을 증명하는 것이 요한이 해야 할 일이라고 생각하는 이들이 많았다고 언급했다. 멜란히톤이 90년경에 요한의 실제 적수였다고 (잘못) 생각한, 소위 에비온파가 그렇다. 복음서의 구원론적 우위를 보여 주기 위해 멜란히톤은 자신의 서문에서 "예수께서 하나님의 아들이심을 부인하는 자는 에비온파다. 그러나 예수가 하나님의 아들이심을 고백하면서 그분의 수혜(benefits)를 부인하는 자는 갑절이나 에비온파다."[31] 요한의 요점은, 출애굽기 6장의 하나님처럼 예수께서는 "나는"(I am)이라고만 하지 않으시고, "나는 생명의 떡, 문, 목자, 부활이요 생명, 길, 진리와 생명, 포도나무다"라고 덧붙이신다는 점이다. 진실로 이 복음서는 믿음의 복

30) CR 15:7.
31) Wengert, *Philip Melanchthon's Annotations in Johannem*, 149쪽에서 인용.

음서이자 믿는 사람 만드는 복음서이고, 모든 결정적인 말이 이 중심과 맞닿아 있다.

게다가 요한은 마가복음을 보완하기 위해 십자가 신학을 발전시켰지만 너무 역설적이라 독자가 감당할 수가 없다. 예수께서 "인자의 살을 먹지 아니하고 인자의 피를 마시지 아니하면"(요 6:53)이라고 선언하시는 대목에서, 많은 설교자가 성만찬이라는 비교적 안전한 곳으로 후퇴한다. 그러나 아우구스티누스, 토마스 아퀴나스, 마르틴 루터 같은 이들은 요한복음 6장이 믿음으로 먹는 것과 관련 있고, 그리스도의 살과 피는 십자가 위의 살과 피와 관계가 있다고 주장했다. 진정한 스캔들, 심지어 성만찬 그 자체 뒤에 있는 스캔들은 못 박히신 "나는"이시고, 그분은 "내가 줄 떡은 곧 세상의 생명을 위한 내 살이니라"(요 6:51)고 말씀하신다. 요한복음 7:38에서 "그 배에서 생수의 강이 흘러나오리라"고 선언하실 때 예수께서는 신자에 대해 말씀하시는 것이 아니다. 요한은 피와 물이 쏟아질 그리스도의 실제 상처를 생각하고 있다. 이곳은 손에 못 자국을, 옆구리에 창 자국을 지니고 부활하신 예수께서 제자들에게 숨을 내쉬며 "성령을 받으라"(요 20:22)고 하실 때 분명히 나타나듯 성령이 오시는 곳이다. 이분이 우물가에서 사마리아 여인을 만나신 그 생수이다.

요한복음 9:41은 "너희가 … 본다고 하니 너희 죄가 그대로 있느니라"라고 선언함으로써 구경꾼 바리새인의 세상을 뒤집어 놓는다. 실제로 요한복음에는 너무나 많은 역설이 있고, 합리적으로 살필 마지막 장소에 하나님의 계시가 너무 많이 나타나서, 그분을 믿을 수밖에 없다. 그분은 독자, 설교자, 청자 모두 십자가에 올리셨을 때 영광을 받으시고, 모두를 자신에게 이끄시며, 목마른 세상에 생수를 공급하신다. 선행이 낄 틈이 없고, 심지어 믿음의 정의(definition) 안에도 선행의 자리가 없기에, 예수는 "나를 보내신 아버지께서 이끌지 아니하면 아무도 내게 올 수 없다"(요 6:44에서)라고 하신다. 아마 조지 허버트(George Herbert)가 "나의 길, 나의 진리, 나의 생명이여, 오소서. 우리에게 호흡을 주시는 그 길, 모든 다툼을 끝내시는 그 진리, 죽음을 죽이시는 그 생명이여"라고 쓸 때 그는 요한이 의도한 바를 알았을 것이다.[32]

그래서 좋든 싫든 루터, 멜란히톤, 그리고 성서에 대한 그들의 접근법에 매료된 사람들은 약함 가운데 그 성서의 중심을 만날 것을 가르친다. 못 박히시고 부활하신 분의 바로 그 연약함인데, 그분은 죽은 자를 살고, 죄인이 용서받고, 가난한 자에게 좋은 것이 가득하다고 선언하신다. 로마서를 해석의 중심에 둔 사람들은 예수 그리스도를 믿는 믿음만으로 의롭게 됨을 고백하고, 그렇게 율법과 복음을 구분한다.

---

32) George Herbert, "The Call," in *The Temple* (1633).

그러면 각 복음서가 다가와 우리를 돕는다. 마태복음는 "하나님이 우리와 함께하신다"는 복음으로서, 마가복음은 우리가 합리적으로 살필 마지막 장소에 계신 하나님의 아들을 선포함으로써, 누가복음은 *우리를 위한* 구원을 선언함으로써, 요한복음은 못 박히시고 살아나신 육신이 된 말씀에 대한 믿음의 복음서로서 말이다. 그러면, 오직 믿음만으로, 연약하고 어리석은 복음서의 말씀이 참으로 하나님의 능력이 되고 하나님의 지혜가 된다.

4

실천

루터의 성서적 윤리

이번 장에서는 마르틴 루터의 성서적이고, 은총이 가득한 윤리의 기본 전제를 다음과 같이 살펴본다. 공정성(*Gleichmut*), 양심(*Gewissen*), 그리고 믿음(*Glaube*)이다. 여기에 네 번째 "G"인 공동체(*Gemeinschaft*)가 추가된다. 이 모든 것은 앞 장들의 주제인 성서 안에서 루터가 하나님의 말씀과 가진 놀라운 만남의 결과이다. 다른 학자들이 루터의 윤리학을 설명하는 데 도움이 된 것처럼, 19세기 중반 이후로 이 주제에 관해 기록된 많은 내용은 윤리적 원리에서 적용으로 이동한 이론적 관점에서 기록되었다.

이런 접근은 쉽게 루터의 사상을 왜곡할 수 있다. 루터란으로서는 최초로 윤리에 관한 책을 쓴 고틀리프 크리스토프 아돌프 폰 하르레스(Gottlieb Christoph Adolf von Harleß)를 생각해보자. 1875년에 출판된 『그리스도교 윤리』(*Christliche Ethik*) 7판에서 폰 하를레스는 '창조 질서'(*Schöpfungsordnung*)라는 표현을 썼다. 물론 그는 이 세상의 '질서'(정부, 가정, 교회)란 인간이 만든 것임을 구체적으로 나타내기 위해 그 표현을 사용했다. 그는 "지상의 가장 좋은 질서조차 정의상 불멸을 소유하지 않기 때문에, 현존하는 질서는 그리스도인을 전면적으로 구속하지 않기 때문이라고 설명한다.[1] 하지만 20세기 들어 현재까지 인간의 한계에 대한 이 같은 잠정적 표지는 다른 학자들의 마음과 저작물에서 (많이들 생각하듯) 루터가 만든 고정된, 하나님이 주신 범주가 되었고 따라서 루터란을 명백히 구속했다. 1950년대에는 여성 안수를 막기 위한 방법으로 루터의 사상에 *이성애적*(heterosexual) 창조 질서가 있다고 주장하는 사람들도 있었다.[2] 이러한 고정적이고 중요한 범주에서 윤리적인 숙고의 결과를 도출한다.

---

1) Gottlieb Christoph Adolf von Harleß, *Christliche Ethik*, 7th ed. (Gütersloh: Bertelsmann, 1875), 491.

2) 미국 루터교 안에서 이 용어가 어떻게 발전했는지에 관한 기술을 보려면 다음 자료를 참조하라: Christian Batalden Scharen, *Married in the Sight of God: Theology, Ethics and Church Debate over Homosexuality* (Lanham, MD: University Press of America, 2000), 55-92.

루터의 윤리에 대한 파울 알트하우스(Paul Althaus)의 고전적 묘사만큼 고정된 형태에서 일상적 적용으로의 이 움직임이 널리 퍼진 곳은 없다.[3] 필리프 멜란히톤의 『신학 총론』(*loci communes*)과 유사한 기법으로, 알트하우스는 자신의 작품을 루터 사상의 기본 범주라고 주장하는 것으로 나누고, 드문 경우에만 루터의 실행을 살펴본다. 루터의 윤리에 대한 이런 접근법은 문제점이 다양하다. 루터는 그런 범주로 생각하지 않았고, 확실히 그런 식으로 행동하지도 않았다. 다시 말해 그는 행동에 관한 딱딱한 원리와 범주를 자신의 상황에 적용하려 하지 않았다. 오히려 그는 바로 이 접근법을 비판하기에는 너무나 행복할 뿐이었다. 루터는 이 접근법을 당시의 법조인들과 그들이 로마법에 더욱 집착하는 것과 정당하게 연관시켰다. 로마법에서는 (오늘날까지) 고정된 범주를 개별 사건에 적용해 법을 집행한다.[4] 그와 반대로, 루터의 윤리는 상당히 상황적이었다. 상황에 가장 적합하다고 생각하는 것에 맞춰 자신의 접근법을 바꾸는, 움직이는 윤리적 과녁이었다. 따라서 자신을 따르는 이들에게 그들이 처한 상황에 닥치는 대로 적용할 말한 윤리적 원리 세트("루터가 이

3) Paul Althaus, *The Ethics of Martin Luther*, trans. Robert C. Schultz (Philadelphia: Fortress, 1972).
4) 법과 법조인들에 대한 루터의 논평을 보려면 다음 자료를 참조하라: James Estes, "Luther's Attitude toward the Legal Traditions of His Time," *Luther-Jahrbuch* 76 (2009): 77-110.

렇게 말했다. 나는 이것을 믿는다. 끝.")를 남기지 않았다. 오히려 루터가 직면했던 것과 동일한 윤리적 이슈들과 신자들이 씨름하도록 만들어, 그들 나름의 결론에 이르게 하는 삶 자체에 대한 접근법을 남겼다.

원칙에만 기반한 윤리는 종종 그리스도인에게서 이웃의 행동 그리고 이웃에게 행한 자신의 행동을 책임지는 일을 제거한다. 이웃에게 해가 되더라도 질서를 따른다는 안전망 뒤에 언제나 숨을 수 있기 때문이다. 그리고 이런 접근은, 나쁜 행동이나 조언에 대한 책임을, 율법을 주신 분을 포함한 타인에게 돌리도록 허용한다. "내가 내 아우를 지키는 자니이까"(창 4:9)와 "하나님이 주셔서 나와 함께 있게 하신 여자 그가 그 나무 열매를 내게 주므로 내가 먹었나이다"(창 3:12)는 이 실패한 윤리에 대한 성경의 최초 두 가지 예다. "그러면 내 이웃이 누구니이까"(눅 10:29)는 세 번째 예가 된다. 원칙에 기반한 접근을 피하려고, 루터의 행동은 당대의 윤리적 딜레마에 접근해야 할 때 일관되게 따랐던 이웃을 향한 행동의 패턴을 구상했다.

공정성(Gleichmut): 그리스도인의 균형 잡힌 행동

루터와 멜란히톤의 윤리적 숙의에서 매우 중요한 용어 하나는 '공정성'(*Gleichmut*)이다.[5] 두 사람은 실제로 이 용어에 해당하는 헬라어 용어(*epieikeia*)와 라틴어 용어(*aequitas*)를 알았고 이것으로 명명했다. 사실 『신앙고백서』(*The Book of Concord*)를 포함한 많은 독일어 문서에서 헬라어를 음역한 단어가 사용되었다.[6] 아리스토텔레스가 만든 '*Epieikeia*'는 스토아 철학자들이 윤리에 관한 저작물에 널리 사용했다. 법률적 전통 내에서는 이 단어를 '공평'(equity)이나 '공정성'(fairness, 따라서 라틴어 *aequitas*)으로 번역했지만, 특히 루터와 멜란히톤의 용례에서 좀 더 정확한 번역은 '합리성'(reasonableness)이나 '균형'(balance)일 것이다. '공정성'을 뜻하는 라틴어 '*aequitas*' 조차 중용(moderation), 평정(equanimity), 또는 균형(proportion)을 함의한다. '*Gleichmut*'와 나중에는 흔히 '중립성'(neutrality)이나 '공명정대'(impartiality)를 의미한 다른 유사 독일어 용어들은 헬라어의 부정확한 표현으로, 개혁자들이 종종 독일어를 쓸 때 헬라어 용어를 사용하거나 심지어 헬라어를 독일어 동사로 바꾼 것이다.

---

5) 이따금 두 사람은 *Billigkeit*나 *Mildigkeit*와 같은 관련된 용어들을 사용한다.

6) 예를 들어, 다음을 보라. CA XXVI.14, in BC, 76.

루터는 이 개념을 그의 유명한 소책자 『세속 권위에 관하여』(*On Secular Authority*)에서 잘 간과되는 부분인 세 번째 부분에서 사용한다.[7] 그는 이 부분을 '군주의 거울'(*Fürstenspiegel*)로 집필했는데, 이것은 중세 시대에 귀족을 가르치기 위해 통용된 장르였다. 이 실용적인 끝부분에서 루터는 그리스도교 군주의 행동을 요약했다. 먼저, 군주는 공국(公國)을 자신의 것이라 여기지 말고 자신의 백성을 섬겨야 한다. 둘째, 주요 인물(*grosse Hansen*, 자신의 고문)의 충고를 신뢰하지 말아야 한다. 셋째, 행악자를 합당하게 처벌해야 한다. (루터의 화려한 표현으로는) 수프용 스푼이 떨어지는 것을 막으려고 국그릇 전체를 엎지르지 않도록 주의해야 한다. 불의를 처벌하되 지나쳐 해(害)가 되도록 하지 말아야 한다. 마지막으로, 루터는 자신의 군주에게 자연법 또는 (그가 심지어 "상식"이라고 부르기도 한) 이성, 그리고 사랑에 기초해 판결할 것을 주문했다.

> 당신이 사랑을 따라 판결할 때, 매우 쉽게 모든 것을 결정하고 어떤 법전 없이도 판결을 내릴 것이기 때문이다. 사랑과 자연법을 등한시하는 순간, 모든 법전과 법률 전문가를 통째로 삼키더라도 당신은 더는 하나님을 기쁘시게 하는 결론에 이르지 못할 것이다. 그 대신 그것들에 대해 생각하면 할수록 그것들은 당신이 더 많이 실수하도록 할 것이다. 바르고 선한 판결은 책에서 말해서는 안 되고 할 수도 없다. 법전이 아예

---

7) WA 11:229-80 (=LW 45:75-129).

없는 것처럼 상식에서[aussz freyem synn] 나와야 한다. 그러나 그러한 자유로운 판결은 오직 사랑과 자연법에서 오는데, 그 안에는 이성 자체가 충만하다. 책에서는 오직 얼룩지고 흔들리는 판결이 나올 뿐이다.[8)]

여기서 루터는 공정성이라는 용어를 사용하지 않으면서도 이것이 군주에게 어떤 것인지를 구체적으로 묘사한다. 그것은 사랑과 상식, 이성, 그리고 자연법의 자유를 위해 법전의 편협함을 피하는 것이다. 솔직히 말해 이런 종류의 자유는 대부분의 사람을 비껴간다. 우리 대부분은 좀 더 균형 잡히고 애정 어리게 접근하기보다는, 이웃에게 책을 던지기를 좋아한다. 사실 윤리적 딜레마에 그렇게 접근하는 것은 규율에 근거한 접근에 익숙한 사람들이 열심히 피하려고 하는 '상황윤리' 냄새가 날 수 있다. 이런 접근은 또한, 루터에게 하나님이 두 손을 가지고 계심을 보여 주기도 했다. 바로 여기, 이 세상에서 이웃을 대할 때 그리스도인은 윤리적 딜레마를 풀기 위해 아리스토텔레스나 다른 이(심지어 "닥터 필"[Dr. Phil, "오프라 윈프리 쇼"에 이은, 많은 미국인이 애청하는 심리 상담 프로그램. 역자주]까지도)를 사용할 수 있다. 믿음, 복음, 십자가가 아닌 사랑, 자연법, 이성이 윤리에 대한 루터의 접근 방식의 열쇠였다.

미국루터교회(Lutheran Church in America, LCA)와 그것의 전신

---

8) WA 11:279, 26-34 (=LW 45:128).

인 미국루터교회연합(United Lutheran Church in America, ULCA)의 총회장을 지낸 프랭클린 클라크 프라이(Franlkin Clark Fry)의 아들인 고(故) 프랭클린 드루이스 프라이(Franklin Drewes Fry)는 자신의 교인을 위해 이 접근법을 멋지게 요약했다. 프라이 목사는 루터교의 복잡한 신학적 원리를 촘촘하고 요령 있는 말로 요약하는 탁월한 능력의 소유자다. 이 경우에는, 어떠한 도덕적 딜레마 앞에서도 루터란은 "경건하고, 최상의 추측"을 하는 데 전념한다는 말로 루터란 윤리를 요약했다. "경건하다"는 것은 이기적인 욕심이 아니라 모든 인간을 위한 하나님의 뜻에 근거한다는 의미이며, 루터가 여기서 자연법이라고 말하는 것이다. 두 번째, "최상"이다. 즉, 그리스도인은 자신이 하려는 일을 찾는 데 자신의 최상의 이성을 적용한다. 아무리 경건하다 해도, 엉성한 윤리적 사고는 아무에게도 유익하지 않다. 마지막으로, '추측'한다! 고착된 원리로부터 행동하기보다, 사랑으로부터 행동해야 한다. 이는 그리스도인은 자신이 하는 일을 우상화하거나 이상화할 사치를 누리지 않는다는 의미다. 모든 것은 잠정적이고, 끝에서 두 번째이며, 따라서 사랑스러움으로 남는다. 이것은 이 원리를 따르는 사람은 루터 자신이라 할지라도 실수를 한다는 것을 의미한. 예상되는 일이다. 대체 이 땅의 누구를 숭배할 수 있단 말인가?

루터는 자신의 군주에게만 그와 같은 접근법을 사용하라

고 충고한 것이 아니라 자신도 그 충고를 따랐다. 그가 살아가면서 제시하고 따랐던 그 별난 윤리적 제안은, 그가 마치 무슨 무오한 사람이기라도 하듯 사람들이 따를 수 있는 것이 아니었다. 오히려 그의 틀릴 수 있는 행동은 (문맥에 맞지 않는 표현을 쓰자면) "용감하게 죄를 지으라, 그리고 훨씬 더 용감하게 믿으라"라는, 경건하고 최상의 추측을 할 수 있는 여지를 준다.

다음은 루터가 '공정성'을 사용해 자신의 윤리적 숙의를 도운 몇 가지 예다. 한 남자가 어떤 여인과 결혼했으나 성적으로 그녀를 충족시키지 못하는 것으로 드러났다.[9] 전반적인 전통과 우리가 가장 소중하게 간직하는 빅토리아식 관습에 반해 루터가 제안한 것이 무엇인지 상상이 가는가? (애초 그가 그녀와 결혼할 때 기본적으로 정직하지 않았으므로) 남편의 동의하에 부인이 대체자를 찾을 수 있다는 것이었다. 16세기에조차 이 충고는 지나친 것으로 여겨졌다. 그런데 이 말은 루터가 이미 1520년에 그러한 효과에 대해 최초로 한 말을 옹호하며 1523년 인쇄물에서 제안한 것이다.

지역의 군주, 헤센의 필리프 공(the Landgrave Philip of Hesse)은 (왕가 내부의 이유로) 도무지 참을 수 없는 어떤 여자와 혼인했다. 특히 참을 수 없는 것은 그녀의 냄새였다(16세기라면 꽤 냄새

---

9) WA 10/2:278, 10-279, 6 (=LW 45:20-21); cf. WA 6:558 (=LW 36:103-5).

가 났을 것이다). 수년간 그는 메히틸트(Mechthild)라는 다른 여자와 살았는데, 그것이 간음인 것을 자신도 알았으므로 성만찬을 받을 수도 없었고 받으려고 하지도 않았다. 제국의 군주인 그가 이혼하려면 로마의 주교에게 가야 했다. 그러나 주교는 개신교도인 필리프 공에게 법적 별거는커녕 최소한 그를 존중할 마음도 없었다. 그래서 (필리프 멜란히톤과 마르틴 부처와 함께) 루터는 무엇을 제안했을까? 간단하다. 중혼이다! 즉, 그가 비밀 결혼을 하는 것이었다. 물론 이 해결책은 메히틸트가 공개적으로 왕관을 쓰겠다고 하여 쓸모없게 되긴 했지만, 그 대담한 제안이 바로 루터가 가장 옹호한 종류의 '공정성'이었다.[10)]

훨씬 덜 알려진 일이 1535년에 있었는데, 최근에야 필리프 멜란히톤의 서신 신판으로 재출판되었다.[11)] 이것은 1520년대에 종교개혁으로 인해 오래된 주교 가정법정이 없어진 후 비텐베르크 신학자들이 한때 끊임없이 다루었던 사건이었다. 한 남자가 목사에게 사촌과의 결혼을 허락해 달라고 호소했다. 알고 보니 두 사람은 이미 3년간 동거했고(*eingebettet*, 한 침대에서 잤고), 놀랄 것도 없이 아이도 있었다. 목사는 비텐베르크에 도움을 청했다. 비텐베르크 신학자들은 성서가 그

---

10) See Martin Brecht, *Martin Luther: The Preservation of the Church 1532-1546*, trans. James L. Schaaf (Minneapolis: Fortress, 1993), 205-15.
11) MBW 1411 (*Texte* 6:50-53).

와 같은 결혼을 엄히 금하지 않음을 인정했으나(족장들을 보라!), 독일 내에서 용납할 수 있는 것은 아님을 인정했다. 해결책은? 남자를 3주 동안 감옥에 가둔 후에 그 둘에게 결혼을 허락했다. 그렇게 함으로써 사람들은 그의 모범을 따르지 않게 되었고(그 당시 독일 감옥에 등록된 사람은 아무도 없었다), 아이와 엄마는 아빠와 남편을 가질 수 있었다.

16세기의 성적 딜레마에 대한 이런 종류의 창의적인 해결책 때문에 루터는 1540년대에 법률가들과 갈등을 겪었고, 그들에 대해 가장 신랄한 비평을 쏟아 냈다. 1544년 주현절 축일 설교에서 루터는 그들을 '법학도들'(*die Juristen*)이라 부르며 분노했다(이 설교에서 그는 그들을 교황의 엉덩이에 매달린 배설물 덩어리라고도 불렀다).[12] 비밀 약혼에 대한 격분 외에(루터가 주장했던 이 약혼은 보통 비밀 무효 선언으로 끝났다), 루터는 한 판사가 어느 남자가 무죄임을 확실히 알고 있으면서도 제국(로마)법이 요구하는 대로 여러 증인의 증언에 근거해 유죄를 선고한 사건을 다뤘다. 루터는 폭발했다.

> 판사여, 당신은 선언해야 합니다, "나는 그가 무죄임을 알기 때문에, 그에게 불리한 증인이 만 명이나 있음에도 불구하고, 그가 무죄라고 생각한다. 만약 이것이 제국(로마)법에 어긋난다면? 나는 무고한 사람에게 유죄를 선언하는 제국법에 대

---

12) WA 49:298, 25-27 and 299, 1-5.

변이라도 갈길 것이다! 친애하는 증인들이여, 그대들은 불공정(루터는 '공정성'의 반의어를 사용했다)에 찬성하는 증인이다." 이 세상에 얼마나 많은 거짓 증인이 있었는지 생각해 보십시오. 그리스도께서는 거짓 증인들의 증언에 의해 십자가에 못 박혔고, 스데반은 돌에 맞아 죽었습니다. 목격자들이 거짓될 수 있습니다. 판사는 "이것이 오심이 되리라는 것을 알기에 나는 그를 비난할 수 없다"라고 말해야 합니다. 법학도들은 양심이 없습니다. 그래서 그들은 '양심에 위험함'(periculo conscientiae)에 대해 묻지 않습니다.[13]

양심(Das Gewissen)

이 마지막 논평에서 루터의 윤리적 숙의에서 두 번째 범주인 양심이 소개된다. 어떤 이들은 이 용어가 루터의 사상에서 구원의 문제에만 적용된다고 주장한다. 하지만 사실 '매인 양심'(bound conscience)의 범주는 훨씬 광범위하게 적용되었다.[14] 물론 루터는 종종 구원의 문제에서 이 용어를 사

13) WA 49:304, 29-38.

14) 매인 양심이라는 개념은 다른 그리스도교 교회의 윤리적 숙의에서 흔히 사용되지 않는다. 그런데 루터교회에서는, 주로 그것의 역사와 중심적 신학 원리 때문에, 이 개념은 윤리와 목회적 돌봄에 중요한 역할을 한다. 실로, 그것은 루터란 신학의 목회적 지주를 강조하고, 윤리적 숙의에 있어서 교황주의와 그것의 개인주의적 등가물인 "열광"(*Enthusiasmus*)에 대한 루터란의 배척을 강조한다. ELCA(Evangelical Lutheran Church in America: 미국에서 가장 큰, 진보적 루터파 교단. 역자주)의 성에 관한 연구 위원회가 최근에 낸 제의에서 사용되기도 한 '매인 양심'이라

용했지만, 그것이 전체 이야기를 말해 주지는 않는다. 개혁자들은 '*Gewissen*' 또는 16세기 독일어인 '*Konsceintz*'을 다양한 방식으로 사용했다. 확실히 그들은 구원을 얻기 위해 인간의 전통에 양심을 구속하는 것을 거부했다. 그들은 또한 신적인 것이든 인간적인 것이든 어떤 법에도 매이는 양심을 거부했다. '두려워하는 양심'은 실제로 하나님과 인간 사이의 접점이었지만, 우리를 두렵게 하는 하나님의 율법과 진노를 통해서였다. 양심에 대한 위로는 그리스도 안에서 하나님의 무조건적이고 은혜로운 용서의 약속을 신뢰함으로써만 왔다. 루터가 보름스에서 자신의 매인 양심에 호소한 것은 단순히 옳고 그름에 대한 감각(오늘날 우리가 "네 양심의 인도를 따르라"와 같이 양심이라는 용어를 사용하는 것처럼)뿐 아니라 그리스도만이 구원자였다는 하나님이 주신 확신과도 관련이 있었다. 루터가 염려하는 다른 "덫에 걸리고, 곤혹스러워하고, 상처 입은" 양심은 정확히 구원의 문제와 관련이 있었다.[15)]

는 용어는, 본래 바울 서신(롬 14-15장과 고전 6, 8-10장)으로 거슬러 올라가고, 초기 루터란들이 처한 윤리적 딜레마에서 이 용어를 사용했다. 루터와 멜란히톤은 '양심'이라는 말을 하나님 앞에 선 한 인간 전체를 기술하는 것으로 사용했고, 율법과 복음으로 이해된 하나님의 말씀이라는 빛 안에서 보았다.

15) 루터에게 '양심'이라는 용어는 중세 신학자들이 생각했듯이 단지 영혼의 어떤 특정 기관이 아니라는 사실을 기억하는 것이 중요하다. 그는 하나님 앞에서 유죄 선고를 받고 위로받은 전인(全人)에게 적용하는 말로 사용했다.

1518년 10월, 마르틴 루터가 교황의 특사인 카예탄 추기경 앞에 나타났을 때 루터는 이미 95개 논제를 게시하고 옹호했다. 그의 신학적 입장은 로마가 다루어야 할 사안이 되었다. 루터의 군주인 선제후 프리드리히 현공에게 경의를 표하기 위해 카예탄은 단순히 루터를 로마로 끌고 가 양식 재판을 열지 않고 아우크스부르크에서 그를 면담했다. 카예탄이 루터의 저작에 대해 비난한 두 가지 논점 중 하나가 우리의 관심사다. 카예탄은, 은총의 상태에 대해 어떤 이도 결코 확신할 수 없고, (자만에 찬 안도감에 사로잡히는 것을 피하기 위해) 사죄의 말씀을 항상 의심해야 한다고 주장했다. 루터는 다음과 같이 응수했다.

> 전하께서 우리의 가장 거룩하신 주이신 레오 10세(교황 Leo X)께 저를 위해 탄원하여 주셔서, 그분이 저를 매우 준엄히 대하심으로 제 영혼을 어둠으로 쫓아내시는 일이 없도록 하여 주십시오. 저는 진리의 빛만을 찾고 있기에 이 구절들이 다른 의미로 이해될 수 있다는 점을 제게 알려 주신다면 모든 것을 포기하거나 바꾸거나 철회할 준비가 되어 있습니다. 저는 거만하거나 헛된 영광을 구하지 않기에 근거 없는 교리를 철회하는 것을 부끄러워하지 않을 것입니다. 실로, 진리가 승리하는 것이 저를 가장 기쁘게 할 것입니다. 그러나 저는 일말의 의심 없이 이것이 성서의 의미임을 믿기 때문에 제 양심에 반하는 것을 억지로 주장하고 싶지 않습니다.[16]

여기서 루터는 교황과 그의 대리인을 자신의 영혼을 위한 목회자로 삼아 호소하고, 성서와 교황에 대한 복종 사이에서 선택하지 않도록 해 달라고 간청했다. 따라서 매인 양심은 언제나 약속과 희망에 대한 하나님의 말씀을 전하도록 부름 받은 이들로부터 위로 얻기를 호소했다.

3년 후, 루터는 황제 카를 5세(Charles V) 앞에서도 유사한 진술을 했는데, 다른 점이 있다면 사안이 더는 열린 상태가 아니었다는 것이다.

> 황제 폐하와 각하들께서 단순한 대답을 구하시니, 단도직입적으로 대답하겠습니다. 제가 성서의 증거나 분명한 이성에 의해 설득되지 않는 한—저는 교황이나 공의회가 종종 오류를 범하고 모순을 일으킨다는 것이 잘 알려졌으므로 그들을 신뢰하지 않기 때문입니다—저는 제가 인용한 성서에 매였고, 제 양심은 하나님의 말씀에 붙잡혔습니다. 양심을 거스르는 것은 안전하지도 옳지도 않기 때문에, 저는 어떤 것도 철회할 수 없고, 하지도 않을 것입니다.[17]

성도로 선언된 죄인이 들은 하나님의 말씀이 양심을 말씀에 묶었다는 이 개념은 이런 주장을 하는 사람을 즉결로 내쫓아서는 안 된다는 경고로 작동했다. 우리는 교황도 황제도 아니라, 더불어 사는 동료 신자다. 그 말은 그리스도인들

---

16) LW 31:275 (=WA 2:16, 13-20)에 나오는 번역 이용함
17) LW 32:112(=WA 7:838, 2-8)에 번역된 대로.

은 성서에 대한 하나의 해석이 다른 해석보다 우위라고 주장할 수 없으며, 우리가 동의하지 않는 다른 사람의 양심을 항상 존중해야 함을 의미한다. 만일 로마 앞에 선 루터가 복음에 매인 양심에 호소할 수밖에 없었다면, 우리는 법과 윤리의 작은 사안과 관련해 매인 양심의 사례들을 더욱 존중할 준비가 되어 있어야 한다.

이런 입장은 루터로서 견지하기가 쉽지 않은 것이었다. 이것은 후대 역사가들이 종종 묘사하듯, 자유롭고 계몽된 양심이 중세 신앙의 족쇄를 벗어버린 첫 번째 예는 아니었다. 루터의 양심은 자유로운 것이 아니라 그리스도 안에 있는 값없고 조건 없는 하나님의 용서를 확신시켜 주는 하나님의 말씀에 매여 있었다. 그러나 이런 입장의 취약성 때문에 루터는 종종 "너만 옳다는 거냐?"(Bist du allein richtig?)며 그의 확신을 약화하려 한 '악마의 공격'인 '*안페흐퉁*'(*Anfechtung*)을 경험했다. 특정한 성서 해석에 자신의 양심이 매였다고 주장하는 사람은, 루터의 예를 통해 그런 겸손을 나타내도록 격려받고 의심과 투쟁을 각오해야 한다.

루터의 '사건'을 둘러싼 사례들은 양심에 관한 루터(또는 멜란히톤)의 민감성을 전혀 소진시키지 않는다. 1522년 3월, 바르트부르크성에서 거의 1년간 보호받은 후 비텐베르크로 달려갔을 때 루터는 양심이 약한 시민들과 마주친다. 성찬식에서 잔을 받거나, 떡을 손에 받거나 금식일에 고기를 먹어 죄를 범했다는 믿음에 얽매인 이들이었다. 루터는 돌아온 직후 3월의 한 주 동안 8번 행한 그의 유명한 *인보카비트*(Invocavit: 사순절 첫째 주) 설교[18]에서 이런 매인 양심은 옳다고 말하지 *않았다.* 사실 루터는 그들이 옳지 않음을 분명히 했다. 그러나 믿음 안에서 옳다는 것(다시 말해, 바른 원칙을 견지하는 것)은 그의 급진적 동료들이 사랑 안에서 옳다는 것을 의미하지 않았다(동료들이란, [후에 주의 만찬에 대해 그를 격렬히 반대하게 된] 안드레아스 보덴슈타인 폰 카를슈타트[Andreas Bodenstein von Karlstadt]만 아니라, 필리프 멜란히톤, 유스투스 요나스, 그리고 니콜라스 폰 암스토르프도 포함되었다).

여기서 루터가 다룬 것은 작은 문제가 아니라, ("너희가 *다* 이것을 먹고 마시라"는) 주님의 명령, 루터 자신이 1520년에 서술한바 적그리스도에 의한 성찬의 바벨론 유수였다. 그러면서도 루터는 약한 자들을 위해서라면 떡만 취하고 떡을 절대 손으로 받지 않겠다고까지 했다. 물론 사도 바울은 로마서와 고린도전서에서 비슷한 주장을 한다. 거기서 문제가 된 것은 첫 번째 계명과 관계가 있는, 우상에게 바쳐진 고기였다. 이미 문제가 해결된 오늘날에는 작아 보일 수 있지만 루터나 바울의 시대에는 옳고 그름의 문제였고, *동시에* 구원의 문제이기도 했다. 그래서 변화를 고집하는 이들에게 루터는 다음과 같이 말했다.

---

18) WA 10/3:1-64 (=LW 51:69-100). 사순절의 첫째 주일인 "인보카비트 주일"에 한 설교를 시작으로, 8일 뒤에 8번째 설교를 했기에 그렇게 불렀다.

> 누군가가 나에게 편지해서, 여기 사는 일부 사람들이 성찬의 두 요소를 받기 시작했다고 했을 때 나는 기뻤습니다. 법으로 만들어 강요하지 말고 그렇게 유지되도록 했어야 합니다. 여러분은 지금 그 문제를 황급히 처리하여, 모두가 따르도록 저돌적으로 몰고 있습니다. 여러분, 그렇게 해서는 성공하지 못할 것입니다.[19]

1527년에 이뤄진 교회 시찰의 경우, 필리프 멜란히톤은 수녀들이 두 가지 불만을 품고 있는 수도원을 시찰했다.[20] 그들은 성찬의 두 요소를 모두 받으라고 계속 가르치는 그들의 목회자를 비판했고, 놀랍지 않게도 두 요소를 모두 받는 것을 반대했다. 멜란히톤의 해결책은? 목회자는 직을 유지했지만, 수녀들은 그렇게 하는 것이 양심에 저촉되는 일이었으므로 잔을 받지 않아도 되었다. 그 말은, 그들이 "너희가 다 이것을 먹고 마시라"라는 그리스도의 명령에 담긴 진리를 들어야 마땅했지만, 자신들의 양심에 반하여 잔을 받도록 강제할 수는 없었다는 뜻이다. 수녀들에게 이 허락된 예외는 너무 중요해서, 개혁자들은 1528년에 출판된 '독일 시찰 조항들'(German Visitation Articles)에 그것을 기록할 정도였다.

---

19) LW 51:91 (=WA 10/3:46, 21-26)에 나오는 번역 사용.
20) 1527년 7월 29일 자로 된 MBW 567 (*Texte*, 3:112-13) 참조.

그러나 하나님께서는 강요된 섬김을 좋아하지 않으시고 자신의 자유 의지로 그분의 종이 되는 사람을 원하시기에, 아무에게도 믿음을 강제할 수 없고, 명령이나 힘을 통해 불신앙으로부터 이끌릴 수도 없다는 점에서, 그리고 사람들은 혼란스럽고 불확실하다는 점을 고려하여, 그리스도의 가르침을 따라 누구에게 두 요소를 주어야 하고, 누구에게 보류해야 할지 규정하는 것은 불가능했고 지금도 그러하다.[21]

뒤이어 루터와 멜란히톤은 무엇을 해야 하는지 윤곽을 잡았다. "그러나 이 조항이 매일같이 양심을 괴롭히기 때문에, 우리는 아무런 지침도 없이 목회자들을 두기를 원치 않았다."[22] 그들은 바른 교리를 가르쳐야 했다.

그러나 아직까지 복음의 말씀을 듣지 못했거나 충분히 가르침 받지 못하고, 복음의 말씀으로 견고하게 되지 않은 연약한 그리스도인이 있는 경우, 완고함이 아니라 약함과 양심의 두려움 때문에 두 요소를 받을 수 없는 이들에게는 한 요소만을 받도록 허락할 수 있다. … 이렇게 해서 두 요소의 교리가 약화되거나 타협되지 않을 것이지만, 오직 그리스도교적 인내와 사랑을 통해서 교리의 적용이나 사용이 잠시 유예될 것이다.[23]

---

21) 여기서와 아래에서 LW 40:290 (=WA 26:214, 15-20)에 나오는 번역 사용. 두 가지 요소에 대한 성찬에서 예외를 둔 이 실행은 적어도 10년은 유효했다.
22) LW 40:290 (=WA 26:214, 28-29).
23) LW 40:290-91 (=WA 26:214 37-215, 6).

개혁자들은 이 접근을 하늘에서 불을 내리길 원하고(눅 9:54-56), 누가 더 큰지를 두고 다툰(마 20:20-38) 사도들을 용납하신 그리스도의 인내와 견주었다. 그들은 "나아가, 이 약한 이들에게 두 요소를 다 받으라고 강요하거나 한 요소를 보류하는 것은 냉혹하고 비그리스도교적이다. 그렇게 하면 그들은 죄를 지었다고 느끼기 때문이다"라고 첨언했다.[24)]

물론 어떤 이들은 약한 것이 아니라 단지 고집을 부렸다. "자기 백성을 알고 매일 그들과 교제하는 목회자는 약한 자와 완고한 자를 구분해야 한다."[25)] 비록 떡과 포도주를 모두 사용하는 성찬에 관한 질문이 우리에게는 작은 문제로 보일 수 있으나, 이와 관련된 이들에게는 그리스도의 분명한 명령과 매인 양심을 위한 목회적 돌봄 사이의 갈등이 포함된 가장 중요한 문제였다. 여기서 매인 양심에 대한 관심이란 단지 이견을 용납하는 것이 아니라, 비록 틀리긴 했지만 이웃의 양심이 문제에 관한 완전히 다른 이해에 매여 있음을 깨닫는 것이고, 그 이해를 뿌리 뽑는 것은 하나님의 자비와 용서에 대한 이웃의 믿음과 신뢰를 뒤흔드는 것임을 아는 것이다.

십 년 후에, 압력을 받은 후에야 개혁자들은 이 조항을 삭제하기로 동의했다. 멜란히톤의 이전 학생이던 야콥 쉥크

---

24) LW 40:291 (=WA 26:215, 18-20).
25) LW 40:292 (=WA 26:216, 1-2).

(Jacob Schenck)가 당시 멜란히톤이 성만찬의 두 요소에 꾸물거린다고 공격하자, 그는 비아냥으로 가득 찬 연설문을 썼다. "뻐꾸기의 배은망덕에 관하여"라는 제목이 붙은 이 연설문은 그의 한 학생에 의해 비텐베르크 대학 공동체에 전달되었다.[26)]

매인 양심에 대한 호소는, 자신들의 양심이 옳고 그름을 결정하는 그들의 독특한 방식에 매였다고 주장하는 초기의 이 '자유사상'을 지닌 루터란들의 문제가 아니었다. 대신 권위자들과 결정권자들에게 달려 있었다. 그들은 약한 이웃들에게서 성경과 실천에 대해 달리 이해하고 거기에 얽매인 양심을 분별하는 것이 실로 *잘못*되었다고 결정했다. 다시 말해 매인 양심, 아마도 약한 양심과 고집스러운 양심 차이를 결정하는 일은 그렇게 분별하는 행위가 틀렸다고 확신하는 권위자들, 즉 강한 사람들의 소관이 되었다. 따라서 이것은 (그런 행위가 틀렸다고 확신하는) 권위자들에게 그 같은 행위가 성서가 말하는 것임을 상상도 못 해 다른 입장을 지지하는 사람들에게도 자비를 베풀어 달라고 호소하거나 구걸하는 문제였다.[27)]

---

26) See CR 11:335-42.
27) 어떤 면에서, 약한 양심을 위하여 주님의 명령을 기꺼이 간과하려고 한 루터에 비해 오늘날 많은 윤리적 논쟁은 그다지 심각하지 않다. 우리는 자주 한 성서적 명령이 타당한지 논쟁하지 않고, 어떤 특정한 상황 안에서 타당한지를 논쟁한다. 잔을 거부한 이들은 주님의 명령 자체를 저항하는 것이다.

약한 양심을 위한 루터의 관심은 성만찬을 둘러싼 관행에만 국한되지 않았다. 그는 또한 자신이 목회하는 사람들을 위해 다른 하나님의 계명도 제쳐 놓을 수 있었다. 신약성서는 간음한 경우에만 이혼을 허락한다. 루터는 자신의 소책자 『결혼의 조건에 관하여』(*On the Estate of Marriage*)에서 성적 행위의 구체적인 문제를 다루었다.[28] 위에서 본 대로, 그는 혼인 의무를 감당할 수 없는 남편을 둔 아내가 다른 남자와 비밀 결혼을 해 자녀를 낳을 수 있어야 한다는 자신의 제안을 여기서 옹호했다. 또 다른 경우에 루터는 불의한 전쟁에서 복무하기를 거부하는 문제에 대해 군인들에게 조언했다.[29] 1523년에 쓴 『세속적 권위에 관하여』(*On Temporal Authority*)에서와 같이, 여기서도 루터는 통치에서 형평성의 역할을 강조했다.[30] 특별히 그는 공의한 전쟁과 불의한 전쟁을 판단하는 것을 종교 지도자들의 권한이 아니라 당사잔 군인들의 손에 맡겼다.[31]

마지막으로, 위에서 언급한 이야기로서, 다른 여인과 살고 있기에 성만찬을 멀리하고 있는 헤센의 필리프 공에게 루터와 멜란히톤은 그가 자신의 부인과 이혼하기보다 중혼

---

28) WA 10/2:267-304 (=LW 45:11-49).
29) 1526에 나온 『군인도 구원받을 수 있는지에 대하여』(*Whether Soldiers, Too, Can Be Saved*); WA 19:616-63 (=LW 46:87-137).
30) WA 19:645, 6-655, 5 (=LW 45:118-29).
31) WA 19:646, 22-657, 10 (=LW 46:130-31).

할 것을 제안했고, (결과가 좋지 않았지만) 그는 그 충고를 따랐다.[32] 이 모든 경우에 루터와 멜란히톤은 오늘날 거의 실행되지 않는 일종의 윤리적 자유를 가지고 행동했다. 그들에게는 목회 문제에서 개인의 양심, 그리스도의 용서 안에서의 자유, 구체적 사안을 다룰 때 이성(균형)을 올바로 사용하는 것이 노예처럼 율법을 따르는 것보다 중요했다.

어쨌든, 루터는 많은 사람이 그에 대해 인정하는 것보다 훨씬 더 인간의 양심을 존중했다. 그는 시민에게 불의한 통치자로부터 달아날 권리를 부여했다. 목사를 옳고 그름을 결정하고 양 떼가 구원 얻을 조건을 확정하는 작은 교황으로 만들기를 거부했다. 대신 그는 언제나 위험에 빠진 양심을 위해 싸웠다. 루터로서는 단지 규율을 만들고 그것으로 목회적 의무를 다했다고 여길 수는 없었다. 그리스도인은 실제 사람들의 영혼과 양심과 몸을 섬겨야 했다. 이 말은 사람들이 어떤 양심의 감옥에 갇혔든 그들을 해방시키기 위해 경건한 최선의 추측을 하는 것을 의미했다.

스콧 헨드릭스(Scott Hendrix)는 좀 다르게 말한다. "그러나 종교 개혁에 대한 호소는, 우리의 양심이 현대적 의미에서 매였기 때문이 아니라 종교 개혁적 의미에서 자유롭기 때문

---

32) 또 다른 경우 루터는, 만약 동반자 관계에 대한 욕구가 거절할 수 없을 정도로 강하다면, 간음 때문에 이혼한 사람이 다른 나라로 가서 재혼할 수 있지 않을까를 숙고하기도 했다.

에 루터란은 동의하지 않을 자유가 있다고 주장한다. 다시 말해, 우리의 양심이 성서를 원용(援用)할 수 있는 개인적 확신에 매였기 때문이 아니라, 그리스도 안에서 구원을 위한 부가적인 요구들로부터 자유로워졌기 때문이다."[33] 루터의 목회 윤리를 온전히 이해하려면 그러한 자유를 얻은 양심이 자신이 동의하지 않는 이들을 자신만큼 자유로워 보이지 않는 이들과 그들이 지닌 약하고 두려워하는 양심에 대해 진심 어리고 깊고 의미 있는 존중을 보임으로써 (죄는 미워하되 죄인은 사랑한다고 단순히 말만 하지 않고) 특별히 돌보아야 한다는 사실에 매였다는 점을 덧붙일 필요가 있다. 그리고 이 충고는 양방향으로 통한다.

루터의 사상에서 양심의 범주의 특정한 적용에 동의하지 않는다고 해서 아기 마르틴을 목욕물과 함께 내버리는 것은 아니다. 루터는 여기서 교황이 아니라 목회의 본으로서 섬기려 한다. 이웃의 양심의 매임에 관한 세심함이 중요한 목회 도구가 되는 경우가 무수히 많다. 우리가 선과 악, 옳고 그름을 가릴 수 없는 문제인 '아디아포라'(*adiaphora*)를 놓고 교회가 휩쓸리는 모든 다툼에서 그 점은 특히 중요한 진리다. 남자 화장실의 벽지 색깔, 성만찬 잔의 크기, 성만찬의 빈도, 입어야 할 예복(禮服), 성가대의 위치 등의 문제에 직면

---

33) Scott Hendrix, "Homosexuality, Conscience, and the Reformation," *Lutheran Partners* (July/August 2005): 30-31.

하면 일치신조와 그 심오한 안내를 사용해 문제 해결에 도움받을 수 있다.[34] 그들이 적절하다고 생각하는 그런 관행을 권리가 있는 그리스도인 모임은 복음을 섬기는 데 선한 질서를 세울 수 있지만, 약한 자를 상하게 하지 않는 방식으로 할 수 있다. 복음을 섬기고, 질서를 유지하며, 약자를 보호하기 위한 윤리적 숙의는 자유롭다. 모든 루터교 운영위원회(church council)가 일치신조의 제10조를 암기할 수 있으면 좋으련만! 상상해 보라. 아무도 거들먹거리지 않고, 모두가 이웃의 양심을 돌보아야 한다는 원리 위에 세워진 교회를.

믿음(Glaube)

만약 균형과 양심의 문제가 율법과 목회적 돌봄과 관련 있다면, 우리는 이제 그 모든 것의 핵심인 복음 자체에 이르렀다. 그리스도인은 오직 믿음으로 의롭게 된다. 아우크스부르크 신앙고백 제4조를 암기한 어떤 사람은 이 진술을 당장 정정하여 "은총으로 그리스도를 위해 믿음을 통하여"라고 말할 것이다. 물론 필리프 멜란히톤이 아우크스부르크

34) See Timothy J. Wengert, *A Formula for Parish Practice: Using the Formula of Concord in Congregations* (Grand Rapids: Eerdmans, 2006), 165-79.

신앙고백 제4조에 그렇게 썼다.[35] 그러나 그는 제20조에 같은 내용의 확대판을 넣었다.

> 우리의 행위는 하나님과 화해하게 하거나 은총과 죄 사람을 얻을 수 없고, 오직 아버지와 화해하신 유일한 중재자요 속죄 제물이신 그리스도로 말미암아 은총 가운데 받아들여진다는 것을 우리가 믿을 때, 믿음만으로 그것을 얻는다.[36]

제20조에서 "오직", "만으로"라고 강조하는 것은 우리의 윤리적 숙의에 속한다. 단지 은총을 하나님의 자비로 정의해 강조하는 것이 아니라, 오히려 그리스도에 대한 믿음과 신뢰를 강조하는 것이다.

여기서 가장 먼저 주목할 것은 멜란히톤이 믿음과 행위를 대조했다는 점이다. 우리는 대다수 그리스도인에게 믿음과 행위가 절망적으로 뒤엉킨 나라에서 살고 있다. 대부분의 교인은 우리를 의롭게 하는 믿음 자체를 은총이라는 전체 메커니즘에 시동을 걸기 위해 인간이 내리는 결단의 행위라고 믿는다. 이런 문화적 혼란에 반하여, 아우크스부르크 신앙고백과 루터의 소교리문답은 믿음이 인간의 행위일 수 *없다고* 주장한다. 믿음은 그리스도 안에서 하나님의 기쁜 소식을 듣는 것을 통해 성령 하나님이 인간 안에서 역사하시

35) CA IV.1 (German), in BC, 38, 40.
36) CA XX.9 (Latin), in BC, 54, 강조는 추가.

는 것이다. 루터는 사도신조의 제3조에 대한 설명에서 "나는 나 자신의 이해나 힘으로는 나의 주 예수 그리스도를 믿거나 그분께 갈 수 없지만 성령께서 복음을 통해 나를 부르셨음을 믿는다"고 외친다.[37] 모든 것이 내가 하는 것에 달린 미국에서, 이 입장을 견지하는 사람은 거의 없다. 은총의 방편("복음을 통하여")과 믿음의 은사("나는 믿을 수 없다")의 중심성을 모두 루터처럼 주장하는 교회도 소수다.

둘째, (특히 라틴어 본문에서) 믿음*으로*다. 종종 믿음/은총 공식에서 믿음이 인간의 도구로 보여서, 고백자들이 이따금 믿음을 *통하여*라고 쓰지만, 아우크스부르크 신앙고백의 진정한 스캔들은 멜란히톤이 '믿음을 통하여'(*per fidem*, through faith)가 아니라 '믿음으로'(*fide*, by faith)라고 쓸 때 일어났다.[38] 그러고 나면 인간 자신이 해야 할 일이나 결단이 아닌 것이 분명한 믿음으로, 언제나 영적인 문제를 통제할 방법을 찾는 옛 자아를 확실히 죽일 전제를 마주하게 된다. 하나님과의 관계에서 인간은 책임지지 않는다. 하나님이 하신다. 그리고 그 관계의 윤곽을 만드는 것은 강한 양심의 작용이 아니라, 멜란히톤이 같은 곳에서 한 말을 빌리자면, "겁

37) SC, Creed, 6, in BC, 355.
38) 16세기 독일어 전치사 *durch*는 '_으로'(by)나 '-을 통해서'(through)를 의미할 수 있기에(다시 말해, 동력인(因)이나 도구인), 라틴 용어가 더 명확하다. "믿음을 통해"라는 의미로 *per fidem*을, 그리고 여기처럼 "믿음으로"라는 의미로는 단순한 탈격 *fide*를 사용한다.

에 질린 마음을 위로하고 격려하는 신뢰다."

셋째, 은총은 물건이 아니다. 능력이나 힘도 아니다. 기독교 목사들과 지도자들은 "스타워즈"(Star Wars) 시리즈를 다 시청한 뒤라도, "당신에게 능력이 함께 하기를"(The force be with you)이라는 말로 은혜를 말하거나, 자신이 매우 심오하거나 그리스도교적인 말을 내뱉었다고 상상해선 결코 안 된다. 루터는 은총이 기본적으로 두 가지 형태로 오는 능력이라고 보는 세상에서 자랐다. 죄의 상태에 있는 사람들에게는 값없이 주어진 은혜(*gratia gratis data*)가 있다. 대부분의 신학자는 이 은총의 제안이 죄인들이 은총의 상태로 옮겨 가도록 고해 성사에 참여하기를 격려하는 설교에서 왔다고 주장했다. 이것은 정보로서의 은혜였으며, 오늘날 부흥을 강조하는 교회와 그 후예들에게 종종 주어지는 은혜와 다르지 않다. 루터가 젊은 학생이었을 때 부지런히 읽었던 중세 후기 사상가 가브리엘 비엘(Gabriel Biel)은 그러한 은총을 여전히 죄의 상태에 있는 동안 인간이 하나님과 이웃을 사랑할 수 있는 인간의 능력일 뿐이라고까지 주장했다. 종교개혁사가인 스티븐 오즈먼트(Stephen Ozment)는 이를 두고 아우구스티누스의 형식에 펠라기아누스의 내용으로 채웠다고 묘사했다.[39]

일단 사람이 고해 성사를 하거나 하나님에 대한 사랑으로

39) 데이비드 스타인메츠(David C. Steinmetz)가 저자에게 전한 말.

죄를 진심으로 죄송스러워하면(고해의 첫 단계) 참회자에게 두 번째 형태의 은총이 주어지는데, 이것이 바로 하나님이 받으실 만하게 만들어 주는 은총(*gratia gratum faciens*)이다. 이 은총은 주입된 습관이나 기질로, 인간의 영혼에 바로 내장된다. 다른 성례전에도 이와 유사한 종류의 은총이 들어오는데, 그것은 안수의 지울 수 없는 특성 같은 것이다. 그러나 은총은 이렇게 힘으로 바뀔 때마다, 그 은총의 성격이 상실된다.

루터와 멜란히톤이 (하필 로테르담의 에라스무스에게서) 배운 것은 라틴어로 '*gratia*'라고 번역된 헬라어 신약성서 단어인 카리스(χάρις)였는데, 그것은 "하나님의 호의"(*favor Dei*), 나중에 개혁자들이 선호한 "하나님의 자비"(the mercy of God)를 뜻한다.[40] 루터 시대의 많은 사람은 사람이 은총만으로 구원받는다고 말했다. 이는 부분적으로 후기 중세 신학이 모든 것, 심지어 공적이 되는 행위와 인간의 능력도 하나님의 은총의 문제라고 믿었기 때문이다. 그러나 개혁자들이 단순히 우리의 칭의가 '값없이'(*gratis*), 자유롭게 하나님의 자비만으로 발생한다고 했을 때, 그들은 은총에 대해 매우 급진적인 무언가를 말하고 있었고, 그들의 말한 것은 능력에 대한 이 모든 이야기를

---

40) Rolf Schäfer, "Melanchthon's Interpretation of Romans 5:15: His Departure from the Augustinian Concept of Grace Compared to Luther's," in *Philip Melanchthon (1497-1560) and the Commentary*, ed. Timothy J. Wengert and M. Patrick Graham (Sheffield: Sheffield Academic Press, 1997), 79-104.

제거했다. 그래서 우리는 "하나님의 자비가 당신과 함께하기를!" 또는 "하나님의 자비가 당신과 함께합니다!"라 말하고, 거기서 끝나야 한다. 이것이 바로 죄의 사면의 모든 것이다.

주일학교 아이들이 은총이 하나님의 과분한 사랑이라는 것을 알게 될 때 그들은 멜란히톤과 루터, 그리고 종교개혁의 증인 전체와 직접 걸음을 같이하는 것이다. 값없는 하나님의 자비는, 이 세상을 향해 우리가 선포하는 것의 중심부에 있고, 하나님의 두 손으로부터 흘러나온다. 한 손에서는 이 아름다운 피조물의 자비와 그 모든 풍부함, 다른 손에서는 그리스도의 자비와 성령으로 생기는 그리스도에 대한 믿음이다.

넷째, 그리고 마지막으로, 아우크스부르크 신앙고백은 단지 '믿음만으로'가 아니라 '그리스도만으로'를 고백한다. 그것은 마치 우리가 경건하게 하나님을 예수로 축소라도 하듯, "그리스도-일원론"을 뜻하는 것이 아니다. 결국 '믿음만으로'는 말씀과 성례전을 통해 *성령께서* 우리 안에서 일하시는 것을 분명히 요구한다. 오히려 멜란히톤은 하나님께 대한 우리 관계의 중심이요 핵심은 우리나 우리의 행위가 아니라 그리스도와 그분의 사역으로부터*만* 온다고 주장했다. 프랑스의 종교개혁 학자 마르크 리냐르(Marc Lienhard)가 쓴 대로, 마르틴 루터는 무엇보다 예수 그리스도의 증인이었다.[41] 이 사실이 그의 사상 중심에 있었다. 루터와 멜란히톤 둘 다, 어떤 면에서는 우리가 믿음을 *설교할* 수 없다는 점을 이해했다. 그렇게 하는 것은 믿음을 행위로 바꾸는 것이다. 아니, 그 대신 믿음의 대상과 그 주제, 즉 믿음이 누구에 의해 그리고 누구를 위해 생겨났는지를 설교해야 했다.

"우리는 그리스도 때문에 용서받았고, 그분만이 우리를 아버지와 화목하게 하시는 중재자이시다." 독일어판 아우크스부르크 신앙고백 제20조에 멜란히톤은 이렇게 기록했다. 믿음이 매달리는 분은 그리스도다. 그분이야말로 인간이 신뢰할 수 있는 분이다. 다락방에서 의심하던 이들에게 그분이 나타나셨을 때, 울고 있던 막달라 마리아가 동산에서 그분의 음성을 들었을 때 다른 모든 이는 시야에서 사라진다. 행위는 녹아 사라지고, 우리는 "랍오니!" "나의 주, 나의 하나님!"이라고 외친다. 모든 고대의 신앙고백 역시 "그리스도만으로!"라는 단일 주제의 변형에 불과하다. 마침내 연기가 걷힐 때(또는 베일이 벗겨지면), 우리가 신뢰할 수 있는 다른 이가 있을까? 십자가에 못 박히시고 살아나신 구세주밖에 없다.

그런데 제20조의 멜란히톤처럼(믿음과 행위에 대해 이야기할 것이라고 했지만 제20조의 80%가 되도록 의도한 주제에 도달하지 못했다), 여기서도 아직 윤리와 믿음의 관계에 대해 다루지 못했다. 그 이유는

---

41) Marc Lienhard, *Luther: Witness to Jesus Christ*, trans. Edwin H. Robertson (Minneapolis: Augusburg, 1982), especially his concluding chapter, pp. 371-94.

멜란히톤이 다음과 같이 쓴 것과 동일하다. “누구나 인정해야 하듯, 현재 그리스도교적 삶의 주요 부분인 믿음에 관한 가르침은 너무 오랫동안 강조되지 않았고, 행위의 교리만 어디서나 설교되었기 때문이다.”[42] 옛 자아를 목에 걸고 다니는 모든 사람 즉, 우리 모두는 그리스도 안에 있는 하나님의 은총과 자비를 전혀 모르고 있다. 믿음에 대해 전혀 아는 바가 없다. 하나님의 아들-딸이라는 영광스러운 장자권을 경건한 죽 한 그릇과 맞바꿨다. 우리가 신뢰할 수 있는 진술인 “당신은 용서받았습니다”라는 직설법에, 우리는 다시 한 번 “하나님이 당신을 용서하시면”이라는 가정법적 내용이나 “하나님이 당신을 용서하시기를”이라는 명령법적 내용을 삽입했다. 그런 아리송한 말에 죄인들은 “아니, 하나님이 용서하신다는 건가요, 만다는 건가요?”라고 소리쳐야 한다. 또 다시 불확실성이 추한 고개를 쳐들고, 율법이 다스린다.

만일 목회자들이 교구 내 믿음과 윤리의 관계에 대해 한두 마디 해야겠다면, 멜란히톤이 제20조에 쓴 것을 유념해야 한다.

> 나아가 선행이란 사람이 은총을 얻기 위해 의지하는 것이 아니라, 하나님을 위해 그리고 그분께 찬양하기 위해 반드시 행해야 한다고 가르쳐졌다. 믿음만이 항상 은총과 죄의 용서

42) CA XX.8 (German), in BC, 54.

를 붙든다. 성령은 믿음을 통해 주어지므로, 마음 역시 선행을 하도록 감동받는다. [라틴어판에서 멜란히톤이 첨가한다.] 암브로시우스[사실은 아키텐의 프로스페르](아우구스티누스의 제자. 역자 주)는 "믿음은 모든 선한 의지와 의로운 행위의 어머니"라고 말한다. 이것이 믿음에 관한 이 가르침이 선행을 금지한다고 지탄받아서는 안 되는 이유다. 반대로, 선한 일을 하라고 가르치고 그 일을 어떻게 하는지 도움을 주는 것은 칭찬받아 마땅하다. 믿음 없이 그리고 그리스도 없이 인간의 본성과 능력으로는 선을 행하기에 너무 약하기 때문이다. 하나님을 부르고, 고난 가운데 인내하며, 이웃을 사랑하고, 합법적인 소명에 부지런히 임하며, 순종하고, 악한 정욕을 피하는 등, 이런 고상하고 진실한 행위는 그리스도의 도움이 없이는 불가능하다. "나를 떠나서는 너희가 아무것도 할 수 없음이라"라고 요한복음 15장에서 그분 자신이 말씀하신 대로다.[43]

오직 믿음과 그리스도만이 인간의 모든 행위를 한눈에 보게 하고, 신자를 행위에 관한 그릇된 이해로부터 자유롭게 하며, 그들이 이웃을 섬기게 한다. 양심의 짐을 덜어 주어는 목회적 필요와 바로 그 양심을 위해 균형과 공정성에 기초하여 도덕적 결단을 내릴 자유는 그리스도에 대한 믿음(*Glaube*) 안에서 그리스도교적 기원을 찾는다.

---

43) CA XX.27-40, in BC, 56-57. 라틴어판에서 멜란히톤은 다시 고대 교회에 대해 언급하는데, 이번에는 성령에 관한 찬송가다. "그리고 교회는 노래하기를, '하나님 당신의 뜻이 아니고서는 / 인간은 무가치하나이다 / 모든 청순함이란 가고 없나이다.'"

공동체(Gemeinschaft)

여기까지 오면서 어떤 이는 루터의 윤리가 개인주의적에 가깝고 그리스도인에게 더 통합적으로 사고하도록 격려하지 않았다고 상상할 수 있다. 사실 루터의 윤리를 개인주의적으로 생각하는 것은 미국인이다. 루터는 늘 공동체 (독일어로) *Gemeinschaft*의 관점에서 생각했다. 따라서 이 마지막 항목은 18세기 계몽주의 이후에 태어나 개인주의적이고 사적으로 사고해야 하는 모든 사람을 바로잡을 것이다.[44)]

이 문제에 대한 루터의 생각을 들여다볼 수 있는 가장 좋은 방법 하나는 1519년에 출판된 그의 초기 주기도문 해석을 보는 것이다.[45)] "하늘에 계신 우리 아버지"라는 서론에 관한 긴 해설을 하는데, 다음과 같은 말로 마감한다.

> 마지막으로, 그리스도께서 얼마나 주의 깊게 이 기도를 구성하셨는지를 보라. 그분은 개인이 자신만을 위해 기도하는 것을 허용하지 않으시고, 온 회중을 위해 기도하도록 하시기 때문이다. 우리에게 "나의 아버지"가 아니라 "우리 아버지"라고 가르치시기 때문이다. 이 기도야말로 공동체의 영적 재산

---

44) 네브래스카주에서 있었던 목회자 콘퍼런스에서 이런 사고가 나에게 제안되었다. 바로 이 부분을 나로 발전시키도록 한 익명의 질문자에게 빚을 졌다.
45) WA 2:74-130 (=LW 42:15-81).

> 이다. 따라서, 누구도 다른 사람에게서 이 기도를 빼앗으면 안 된다. 심지어 원수라도 말이다. 그분은 우리 모두의 아버지시기에, 우리가 서로에게 형제[그리고 자매]가 되고, 서로를 진심으로 사랑하며, 자신을 위해 기도하듯 서로를 위해 기도하길 원하신다.[46)]

루터에게 기도의 공동체적 본성을 인식하는 것마저도 윤리적인 중요성이 있음을 유의하자. 원수마저도 "우리 아버지"의 그 "우리" 안에 포함된다. 게다가, 마을 모든 사람에게 속한 땅인 "공유지"(commons)를 귀히 여긴 사회 분위기 속에서, 루터는 이것을 공동체의 영적 소유물 같은 것이라고 했다. 우리는 오늘날 모든 사람에게 속한 국보나 국립공원에 주기도문을 비교할 수 있다.

공동체의 역할에 대한 또 하나의 중요한 논의는, 루터가 *교회*를 정의하려 한 대교리문답에서 일어난다. 그는 "*communio sanctorum*"이라는 신조의 가장 이해하기 힘든 표현 중 하나에 집중한다. 오늘날, 어떤 학자는 "거룩한 것에의 참여"(다시 말해, 성례전 참여)로 번역하는 것이 낫다고 주장한다. 그러나 루터는 비록 이 표현이 나중에 사도신조에 첨가된 것을 알았지만 이런 해석을 전혀 예견할 수가 없었다. 그는 또한 이 표현을 독일어로 직역하면 뜻이 살지 않는다는 점도 깨달았다. 영어에서처럼 말이

46) WA 2:86, 7-13 (=LW 42:26).

다. 그는 '*communio*'를 "communion"(성찬식)이 아니라 "community"(공동체, *Gemeinde*)로, 그리고 전체 표현을 "거룩한 공동체"로 번역했어야 한다고 주장한다.[47] 그러나 루터 사상의 공동체적 본성을 들여다보게 하는 것은 그의 놀라운 의역이다.

> 나는 이 지상에 거룩한 작은 양 떼와 한 머리이신 그리스도 아래 순수한 성도의 공동체가 있음을 믿는다. 성령께서 하나의 믿음, 마음, 그리고 이해로 불러 모으신다. 다양한 은사를 가졌지만, 분파나 분리됨 없이 사랑 안에서 연합한다. 나는 이 공동체의 일부요 지체로서, 공동체가 소유하는 모든 복의 참여자이며 파트너이다. … 따라서 모든 사람이 세상에 살아 있는 동안 말씀을 통하여 완전한 죄 사함과 우리의 양심을 위로하고 격려하는 사인을 매일 받도록 이 그리스도교적 공동체 안의 모든 것이 정해졌다.[48]

루터가 "날마다 이 그리스교 교회 안에서 성령께서는 넘치도록 모든 죄를 용서하시되, 나의 죄와 그리스도 안에 있는 모든 이들의 죄를 용서하신다"라고 소교리문답에서 말할 때, 그는 교회와 죄 사함 사이의 같은 연결을 한다.[49]

그보다 더하여, 대교리문답에서 루터는 다음과 같이 제3조를 요약한다.

47) LC, Creed, 49, in BC, 437.
48) LC, Creed, 51-52, 55, in BC, 437-38.
49) SC, Creed, 6, in BC, 356.

그렇다면 이것은 항상 시행되어야만 하는 조항이다. 왜냐하면, 창조가 이제 우리 뒤에 있고, 구속도 일어났지만, 성령은 마지막 날까지 쉬지 않고 사역을 계속하시고, 이 목적을 위하여 지상의 공동체를 정하셨고, 이를 통해 그분이 말씀하시고 그분의 모든 일을 하시기 때문이다. 이 그리스도교적 공동체를 아직 다 부르시지 못했고, 죄 사함을 주는 일이 완성되지 않았기 때문이다. 따라서 우리를 날마다 말씀을 통해 이 공동체로 부르시고, 같은 말씀과 죄 사함을 통하여 믿음을 주시고, 더하시며, 강하게 하시는 분을 믿는다.[50)]

소교리문답에서 루터가 성령의 교회 안에서의 역사에만 적용하는 동사인 "모으다"(gathers)는 여기서 중요한 자리를 차지한다. 모으고 죄를 사하는 것은 말씀을 통해 하시는 성령의 주요 사역으로, 전체 교회를 통하여 믿음을 창조하고 증진하도록 의도되었다.

만일 루터의 이 논평이 그의 공동체적 윤리에 대한 근원적인 북소리를 제공한다면, 부가하여 위에서 기술한 그의 1522년 사순절 첫째 주 설교에서는 이 윤리의 분명한 주제를 울린다. 가장 첫 설교의 시작은 개인적 윤리와 공동체적 윤리의 흥미로운 조합이다.[51)] 우리 각자는 자신의 때에 죽어야 한다. 우리가 서로에게 소리 지르며 살지만, 우리는 모두 혼자 죽음을 맞아야 한다. 그러나 루터에게 이것은, 각 개인

---

50) LC, Creed, 61-62, in BC, 439.
51) WA 10/3:1, 15-22 and 2, 16-18 (=LW 51:70).

은 자기 구원의 기반을 확실히 알아야 함을 뜻했다. 먼저 '그리스도만으로', 그리고 둘째는 '믿음만으로'이다. 그리고 세 번째는 다른 방향으로, 공동체적 설명을 반향한다.

> 세 번째, 우리는 또한 사랑을 가져야 하고 하나님께서 믿음을 통해 우리에게 행하셨듯 우리도 이웃에게 사랑으로 행해야 한다. 이 사랑이 없이 믿음은 쭉정이다. 고린도전서 13장에서 사도 바울이, "만일 내가 천사의 말을 하고 믿음에 관해 최상의 말을 할 수 있어도 사랑이 없으면 아무것도 아니라"고 말한 대로다. 여러분이여, 여기 그런 사랑이 완전히 결핍되고 흔적조차 없는 것은 아닌가? 당신은 그토록 부유한 보배와 선물에 대해 하나님께 감사하지 않음을 직시하라.[52]

다시 말해, 루터는 그들에게 교리에 대해서는 'A' 학점을, 사랑에는 'F' 학점을 준다. 그는 나아가, "비텐베르크가 가버나움이 되지 않으려면" 약한 자가 정확하게 그리스도교 공동체의 관심이어야 함을 지적한다. 어떤 바보에게도 신앙고백을 암송하게 할 수 있다. 그러나 하나님 나라는 말이 아니라 능력과 행함에 있다. "여러분이여, 이 경우, 각 사람은 자신의 권리대로 행해서는 안 된다. 자신의 권리를 포기하고, 사도 바울이 그랬듯이 자신의 형제 또는 자매에게 무엇

52) WA 10/3:3, 5-9 and 4, 1-2 (=LW 51:71). LW 51이 기초한, 출판된 형태(version)가 아니라 원본을 번역함.

이 필요하고 도움이 되는지를 살펴야 한다."[53]

실로 우리는 루터와 멜란히톤의 생애에서, 그들이 윤리를 얼마나 공동체적으로 보았는지를 보여 주는 온갖 예가 있다. 그 윤리로 그들이 의도한 것은 단지 압제적인 다수결 원칙이 아니라 정확하게 약자를 우선시하는 것이었다. 게다가 개혁자들의 행동 역시 비텐베르크에는 "론 레인저"(Lone Ranger, 혼자 휩쓰는 미국 서부극 주인공, 역자 주) 신학 따위가 통하지 않음을 분명히 했다. 신학적으로 그리고 윤리적으로, 비텐베르크 교수들은 협력했다. 한 사람 이상이 사인한 수많은 제안서, 의견, 불평, 그리고 안수 증서가 이런 공동체적 협의를 증명한다. 게다가 비텐베르크의 공식 의견서도 종종 유사한 공동체적 정취를 풍겼다. 그래서 루터의 윤리는 세 개의 간단한 말로 축소될 수 있다. 공정성(Gleichmut), 양심(Gewissen), 그리고 믿음(Glaube)이다. 이 셋을 다시 번역한다면, 합리적임, 약함, 그리고 그리스도만을 신뢰하는 것인데, 이 모든 것은 그리스도교 공동체, 교회, 또는 모임이라는 상황 안에서 실행된다.

53) WA 10/3:5, 20-22 (=LW 51:71).

5

사례 보기

루터의 갈라디아서 3:6-14 해석

루터는 자신의 활동기에 걸쳐 성서의 많은 부분을 강의실과 설교단에서 해석했다.[1] 따라서 창세기, 신명기, 시편 일부, 소예언서, 마태복음과 요한복음 일부, 목회서신, 베드로전후서, 유다서, 그리고 갈라디아서에 대한 주석서가 이미 16세기에 등장했다. 게다가, 시편, 로마서, 갈라디아서, 그리고 히브리서에 대한 초기 강의록도 보존되었다가 19세기와 20세기에 출판되었

1) 본 장은 2012년 7월 스코틀랜드 세인트 앤드루스 대학(St. Andrews University)에서 있었던 "갈라디아서와 그리스도교 신학" 학회에 발표한 논문에 기초한 것이고, 학회 논문으로 출판될 예정이다.

다. 실로 루터 저작의 영어본 54권 가운데 30권이 해석적 작업물이다. 만일 『교회 설교집』과 『가정 설교집』으로 불리는, 1년 주기 성서정과표의 지정된 주일 복음서와 서간문 본문에 대한 그의 해석까지 포함한다면 루터는 모든 신약성서 책에 대해 적어도 한 부분은 논평을 한 셈이다.

게르하르트 에벨링이 선언한 대로, 성서 해석의 역사는 교회 역사를 정의한다.[2] [성서 해석은] 과학이라기보다 예술로서, 우리에게 우선 불신감을 유예하고, 특정 신학자의 성서 해석을 그 자체의 설정 안에서 독특한 것으로 볼 것을 요구한다. 성서 본문에 대한 자기 자신의 판단을 교회의 어떤 죽은 (그래서 이제 자신을 변호할 수도 없는) 성인에게 강요하거나, 반대로 죽은 성인이 그의 성서 본문에 관한 판단을 우리에게 강요하지 않도록 주의해야 한다는 뜻이다("루터가 그렇게 말했고, 내가 그걸 믿으니, 끝!"이라는 식은 아니라는 말이다). 앞에 나온 장들에서 개요한 대로, 마르틴 루터의 급진적 신학과 해석의 입장에서 볼 때, 이 예술을 실행하는 것은 더욱 필요했다. 본 장은 루터가 자신의 부인 이름을 사용하여, 자신의 '카티 폰 보라'(Katie von Bora)라고 부른 갈라디아서에 집중하여, 루터가 자신의 활동기에 두 번의 시기에 걸쳐 어떻게 갈라디아서를 해석했는지를 볼 기회를 얻을 것이다. 그렇게 하는 것은 앞

---

2) Gerhard Ebeling, *Kirchengeschichte als Geschichte der Auslegung der Heiligen Schrift* (Tübingen: Mohr, 1947).

선 장에서 논의된 많은 주제를 확정할 뿐 아니라, 성서적 메시지에 대한 루터의 접근이 정말 얼마나 역동적이고 놀라운지를 보여줄 것이다.

갈라디아에 보내는 바울의 편지에 관해, 루터는 후대에 다음과 같은 4개의 해석적 자료를 남겼다.[3] 1516년부터 1517년에 행한 첫 강의, (1523년에 상당히 개정된) 처음으로 출판된 1519년 해설서, 1531년의 두 번째 강의, 그리고 1535년에 출판된 해설서이다.[4] 본 장은, 갈라디아서 3:6-14가 기록하는 바울 논평의 복음적 의미 찾기에 분투한 개혁가가 어떻게 일했는지에 대한 간략한 묘사를 제공한다.

최근에, 지지자들에 의해 "바울에 대한 새 관점"이라고 불리는 바울 이해에 대한 접근은, 로마서와 갈라디아서에서 바울의 중심적 논쟁은 이신칭의보다는 유대 율법 (특히 할례)의 제한을 제거하는 것, 그리고 로마제국 전반에 걸쳐 일어나고 있는 초기 예수 공동체 내에 이방인을 허입하는 문제와 더 관련이 있다고 주장했다.[5] 특별히 마르틴 루터와 바울의

---

3) 이것은 로마서와 다르다. (결코 출판을 의도하지 않았던) 초기 강의와, 루터의 1522년 신약성서 독일어역을 위해 최초로 쓴, 인기를 누린 로마서에 대한 서론이 루터가 로마서에 관해 쓴 우리가 가진 모든 것이기 때문이다.

4) 이 4개는 순서대로 다음의 출처에서 찾을 수 있다. WA 57/2:III-XXVI and 5-108; WA 2:436-618 (English translation of the commentary: LW 27:153-410); and WA 40/1-2 (combining the lectures and commentary [English translation of the commentary: LW 26 and LW 27:3-149]).

5) 이 접근에 대한 요약을 보려면 다음을 참조하라. Erik Heen, "A Lutheran Response to the New Perspective on Paul," *Lutheran Quarterly* 24 (2010):263-91, and the literature cited there.

루터란 해석자들 일반은 1세기 유대주의와 그것의 그리스도교 분파의 현실에 대해 몰이해하다는 공격을 당했다. 그러나 성서 해석사를 면밀히 들여다보면, 이 "새" 학파는 루터와 멜란히톤이 이미 잘 알고 거부한, 바울에 대한 고대적 접근의 부활이라는 사실이 드러난다. 유명한 네들란드의 인문주의자 로테르담의 에라스무스가 이 방법을 옹호했다. 게다가 이 거부는 신학적 자만심이나 서방의 "자기 성찰적 양심"이 아니라 구체적인 해석적 확신에서 일어났다.[6]

논의(論意, The Argumentum)

제3장에서 살펴본 대로, 루터가 성서 해석에 한 공헌의 독특한 특성의 진가를 온전히 이해하려면 우리는 종교 개혁기 주석서의 독특한 형태를 절대로 망각하면 안 된다. 논리의 규율을 이용해 본문을 나누고, 모순되는 것을 해결하는 것이 중심을 차지한 중세기 주석서와는 달리, 출판된 루터의 작품과, 비텐베르크 성서 해석 학파를 형성하는 이들의

6) Krister Stendahl, "The Apostle Paul and the Introspective Conscience of the West," *Harvard Theological Review* 56 (1963):199-215; reprinted in Krister Stendahl, *Paul among Jews and Gentiles* (Philadelphia: Fortress, 1976), 78-96.

출판 작품은 언제나, 성서 저자의 주된 주장에 대한 구체적 개요인 논의(*argumentum*)로 시작한다. 훨씬 스콜라적 냄새가 짙은 루터의 갈라디아서에 대한 1516-1517년 강의는 여전히 행간의 어구 주석과 자구 주석인 훈고(訓詁, scholia)로 나누고, 바울의 주된 주제를 한 문장으로 소개하기도 한다.[7]

본문을 해석할 때 논의로 시작하는 방법을 택한 것은 루터가 처음은 아니었다. 사실 르네상스 해석가들은 온갖 종류의 본문에 대한 논의를 토의했다. 그들도 저자들이 글을 쓸 때 주장하려는 포인트가 실제 있었고, 후대 독자가 저자의 중심 주제에 관해 관심을 가지고 읽으면 가장 잘 이해할 수 있다고 믿었다. 루터가 바울의 의도 파악에 성공했든 못했든, 16세기 대학 교육이 제공할 수 있는 최고의 도구인 문법, 수사학, 그리고 논리학을 가지고 해석하고, 저자의 주된 포인트에 집중하면, 루터는 분명히 사도가 말하려는 것을 가장 잘 드러낼 수 있다는 전제로 시작했다. 그것은 오늘날 따르기에 그리 나쁜 조언은 아니다.

이 카테고리가 르네상스기에 걸쳐 흔했던 것처럼, 비텐베르크 주석가들에게 논의는 결코 사소한 것이 아니었고, 오

---

7) WA 57/2:5, 11-16: "[바울이] 그런 노력과 논쟁 방식으로 여기에서처럼 자신의 사도성을 자천하는 데가 없고, 그것도 그가 증언하는 대로, 자기 손으로 써서 한다. 그는 어떠한 자만이 아니라 중대한 필요성 때문에 이 일을 하는데, 율법 준수가 필수적이라고 가르쳐 성도가 은총이 아니라 행위를 신뢰하도록 만든, 유대인에게서 온 자들에 의해 복음이 전복되지 않게 하려는 것이다."

히려 그리스도인의 삶과 사상을 위해 폭넓은 의미가 있었다. 앞선 장(章)들에서 본 대로, 비록 모든 성서 본문이 실로 하나님의 말씀이지만 루터 자신이나 그의 청중에게 필연적으로 하나님의 말씀인 것은 아니라고 루터는 주장했다. 그런데 바울 저작을 두고, (히에로니무스의 주장에 근거하여) 로마서의 첫 11장이 오직 유대 율법에 관한 것이고, 16세기 독자와 별로 관계가 없다고 주장한 것은 변덕스러운 인문주의자며 로마의 지지자인 로테르담의 에라스무스였다. 이에 대해 비텐베르크 주석가들은, 로마서가 단지 할례나 다른 유대 정결법을 두고 벌인 다툼이 아니라, 율법, 복음, 믿음, 그리고 은혜 같은 용어들이 훨씬 더 폭넓게 적용된다고 주장하며 이를 악물고 싸웠다.

루터는 로마서가 아니라 갈라디아서를 두고 이 싸움에 가세했다. 갈라디아서와 그것의 논의에 대한 루터의 접근은 에라스무스의 주장과 반대되는 주장으로 일축한 것을 통해서만 이해할 수 있다. 이 말은 루터가 에라스무스의 갈라디아서에 대한 주해와 의역을 전적으로 거절했다는 것이 아니다. 에라스무스는 16세기 가장 중요한 성서학자였다. 루터의 1519년 주석서는 그에 대한 칭찬으로 가득하다. 그러나 이런 긍정적인 평가는 구체적 헬라어 본문의 의미를 중심으로 이루어졌다. 게다가, 1523년에 나온 두 번째 판에는, 에라스무스에 대한 거의 모든 호의적 말이 사라졌다.

우리는 벌써 루터의 서신에서, 그가 성서 해석을 위해 의지한 에라스무스와 (히에로니무스라는) 교부적 자료에 얼마나 실망했는지를 눈치챌 수 있다. 그가 갈라디아서에 대한 강의를 막 시작한 때인 1516년 10월 19일에, 루터는 다음의 내용을 작센 현공을 위해 비텐베르크 대학을 관리하던 그의 친구인 게오르크 슈팔라틴에게 보낸 편지에 썼다.

> 친애하는 슈팔라틴이여, 가장 박식한 사람인 에라스무스에 대해 나를 힘들게 하는 것은 이렇다네. 사도에 대한 그의 해석에서, 그는 행위의 의, 율법의 의, 또는 (사도가 [로마서 10:3에서] 부르는 대로) 인간 자신의 의라는 것을 정결법의 준수와 상징적 준수로 이해하는 것일세. 게다가, 그는 사도가 로마서 5장에서 원죄에 대해 명백하게 이야기하는 것을 원치 않는다네(적어도 그는 [있다고는] 인정하네).[8]

아우구스티누스의 대조적인 접근을 칭송하고, 많은 다른 교부들이 아우구스티누스와 동의한다는 점을 지적한 뒤, 루터는 돌아가 자신의 접근을 에라스무스의 접근과 비교한다. "이 점에 있어서 내가 에라스무스와 뜻이 다르다는 사실을 조금도 의심하지 않는다. 그는 모든 것에 아우구스티누스보다 히에로니무스를 더 높이지만, 나는 단지 성서 해석에 대해서는 아우구스티누스를 더 높이기 때문이다."[9] 율법에 관

---

8) WA Br 1:70, 4-8 (no. 27).

한 질문으로 돌아가 루터는 이렇게 쓴다.

> 따라서 율법이나 행위의 의는 절대로 정결법에 국한될 수가 없고, 십계명 전체와 관련된 행동과 더 관계가 있다는 것이 맞다. 그리스도에 대한 믿음 밖에서 일들이 진행될 때, 인간적 측면에서 행위자, 지배자, 그리고 분명 의로운 사람으로 만들지만, 그럼에도 그들은 시큼한 무화과 이상 의로운 맛을 내지 못한다. 아리스토텔레스가 생각하는 대로, 우리는 의로운 행위를 함으로 (위조된 의 외에는) 의로워지지 않고, (내가 말하려는 대로) 의로운 사람이, [의롭게] 만들어지고 그렇게 존재함으로 의로운 행동을 한다. 인간은 먼저 변화되어야 하고, 그 후 행위[가 온]다. 아벨은 그의 제물을 드리기 전에 [하나님을] 기쁘게 하는 자였다.[10]

루터의 1519년부터 1535년 갈라디아서에 대한 논의를 읽으면, 바울 저작물을 유대인의 정결법의 빛으로 해석하는 것은 사도에 대한 새로운 접근이 아니라는 사실과, 루터가 단지 신학적 근거만이 아니라 해석적 근거에서 배척한 이 대안적 해석을 충분히 인지하고 있음이 분명하게 드러난다. 실로, 바울에 대한 도덕적이고 율법적 해석이라는 한 편과 그리스도 안에 있는 하나님의 무조건적 자비에 근거한 다른 한 편의 해석이라는 대안은, 교부 시대부터 지금까지 교회

9) WA 1:70, 17-19.
10) WA Br 1:70, 25-32.

와 교회의 해설자들을 직면해 오고 있다. 갈라디아서와 로마서뿐만 아니라, 성서의 모든 본문에 대한 해석에 있어 이 다툼은 현재 계속되고 있다.

그렇다면 에라스무스와 루터 사이의 균열은 갈라디아서에 대한 루터의 주석서 서론에 어떻게 반영되어 나타나는가? 1519년 루터의 논의의 첫 문장은 이렇다.

> 갈라디아 사람들은 처음에는 사도에 의해 견고한 믿음으로 교육받았으나 (다시 말해, 자신들의 의[로운 행동]나 율법으로 인한 의로움이 아니라 예수 그리스도만을 신뢰하도록 교육받았으나), 나중에 그들은 거짓 사도들에게 이끌려 율법적 의의 행위를 신뢰하게 되었다. 위대하고 참 사도들의 이름과 본이 이것을 강력하게 추천하는 것인 양 그들은 아주 쉽게 속았기 때문이다.[11]

루터는 바울의 주장을 유대 정결법에 관한 것으로 축소하려는 어떤 시도도 가로막았고, 율법의 인간적 의와 그리스도 안에 있는 믿음에 의한 의를 대조하기를 고집했다. 1535년 루터는 자신의 논의에서 이렇게 말했다.

> 우리는 먼저 논의, 즉 바울이 이 서신에서 다루는 이슈에 관해 이야기해야 한다. 논의는 이렇다. 바울은 믿음, 은총, 그리고 죄의 용서, 또는 그리스도인의 의에 대한 가르침을 확고

---

11) WA 2:451, 2-5 (=LW 27:161. 교정 첨가).

> 히 해서, 우리가 그리스도인의 의와 다른 모든 의 사이에 존재하는 차이에 대해 온전한 지식을 가지며 완전히 이해하기를 원한다. 의는 종류가 많기 때문이다.[12)]

루터는 그런 뒤 교황 전통과 다른 전통 안에 발견되는 정치적인 의, 정결에 관한 의를 규정한다. 이 모든 것은 그것들이 죄를 사하거나, 하나님의 진노를 달래거나, 은총을 따낼 수 있다고 가르치지 않는 한 다음 세대에도 물려줄 수 있다. 여기에 루터는 십계명의 율법적 의를 부가하는데, "우리가 믿음에 대해 가르친 다음 가르치는 것"이라고 말한다. 그리고 그는 이런 형태의 의를 그리스도인의 의와 대조한다.

> 이 모든 것 위에 믿음의 의 또는 그리스도인의 의가 있는데, 이것은 모든 다른 의로부터 가장 조심스럽게 구분되어야 한다. 다른 의는 모두 이 의와 두 가지 이유로 반대된다. 하나는, 그것들은 황제의 법, 교황의 전통, 그리고 하나님의 명령에서 나오기 때문이다. 또 하나는, 그것들은 우리의 행위로 이뤄지고, 궤변론자들의 표현대로 "우리 자신의 자연적 능력"이나, 심지어 하나님의 선물로 우리가 그것들을 할 수 있기 때문이다(이런 종류의 행위적 의 또한, 우리의 모든 소유와 마찬가지로, 하나님의 선물이기 때문이다). 그러나 하나님께서 우리의 행위와 상관없이 그리스도를 통하여 우리에게 주입하시는 이 가장 탁월한 의(즉, 믿음

12) WA 40/1:40, 15-19 (=LW 26:4, 교정 첨가).

의 의)는 정치적이거나, 정결법적이거나, 하나님의 율법에 따른 의가 아니다. 우리 자신의 행위에 달려 있지도 않고, 완전히 반대다. 다시 말해, 위에서 열거한 의가 능동적이라면, 이 의는 전적으로 수동적이다. 이 의를 위해 우리는 아무것도 하지 않으며, 하나님께 무엇을 드리지도 않고, 우리는 받기만 하며, 타자, 즉 하나님으로 우리 안에서 일하시도록 해야 하기 때문이다. 따라서 이것을 믿음의 의, 또는 수동적 그리스도인의 의라고 부르는 것이 맞다. 그리고 세상이 이해하지 못하는 이 의는 신비 안에 숨었다. 실로 그리스도인 자신조차도 그것을 충분히 이해하지 못하고, [루터의 Anfechtungen에 해당하는 라틴어 tentationes로 이해할 수 있는] 공격(assaults) 가운데서야 어렵게 이해할 수 있다. 따라서 이 의는 끊임없는 실천으로 항상 강조되고 함양되어야 한다. 그리고 고난과 양심의 두려움 가운데 그것을 파악하거나 붙잡지 않는 자는 누구든 견고히 서지 못한다. 이 수동적 의 외에, 다른 견고하고 확실한 양심의 위로는 없기 때문이다.[13)]

슈팔라틴에게 보내는 편지에서 바울과 율법에 대한 에라스무스의 접근에 대해 불평한 지 20여 년이 지나도, 루터는 계속해서 갈라디아서를 유대 정결법에 관한 토론이 아니라 그리스도 안에만 있는 하나님의 무조건적 은총이라는 빛으로 보았다.

13) WA 40/1:40, 28-30 and 41, 12-26 (=LW 26:4-5, 교정 첨가).

1519년의 갈라디아서 3:6-14

우리가 이미 제3장에서 살펴본 대로, 성경의 독자들은 저자의 주요 포인트를 무시함으로 터무니없는 실수를 한다. 그렇게 되면 성서 해석은 성서 본문으로 자신의 주장을 펼치는 데(proof texting) 이용된다. 마찬가지로, 갈라디아서에서 바울의 기본 논쟁에 대한 루터의 정의라는 문맥 안에서만 우리는 그의 구체적인 논평의 진가를 이해할 수 있는데, 이 경우 갈라디아서 3:6-14이다. 본문은 이렇다.

> 아브라함이 하나님을 믿으매 그것을 그에게 의로 정하셨다 함과 같으니라 그런즉 믿음으로 말미암은 자들은 아브라함의 자녀인 줄 알지어다 또 하나님이 이방을 믿음으로 말미암아 의로 정하실 것을 성경이 미리 알고 먼저 아브라함에게 복음을 전하되 모든 이방인이 너로 말미암아 복을 받으리라 하였느니라 그러므로 믿음으로 말미암은 자는 믿음이 있는 아브라함과 함께 복을 받느니라 무릇 율법 행위에 속한 자들은 저주 아래에 있나니 기록된바 누구든지 율법 책에 기록된 대로 모든 일을 항상 행하지 아니하는 자는 저주 아래에 있는 자라 하였음이라 또 하나님 앞에서 아무도 율법으로 말미암아 의롭게 되지 못할 것이 분명하니 이는 "믿음으로 의로운 이는 살리라" 하였음이라[14] 율법은 믿음에서 난 것이 아니니 율법을 행

14) 저자(Wengert)는 여기서 NRSV(New Revised Standard Version)의 다음과 같은 번역을 사용한다. for "The one who is righteous

하는 자는 그 가운데서 살리라 하였음이라 그리스도께서 우리를 위하여 저주를 받은 바 되사 율법의 저주에서 우리를 속량하셨으니 기록된바 나무에 달린 자마다 저주 아래에 있는 자라 하였음이라 이는 그리스도 예수 안에서 아브라함의 복이 이방인에게 미치게 하고 또 우리로 하여금 믿음으로 말미암아 성령의 약속을 받게 하려 함이라.

1519년 루터의 주석서는 여전히 성서에 대한 후기 중세 해석의 스타일과 접근을 반향한다. 그 결과 그가 1535년에 하게 될 것처럼 3장에서 바울의 논쟁에 대한 전반적인 구조를 곧장 의논하지 않고, 각 절을 따로 다룬다. 동시에, 그는 본문에 대한 교부와 후대의 해석을 광범위하게 다루는데, 특히 에라스무스가 갈라디아서 주석을 쓸 때 가까이서 따른 히에로니무스에게 집중한다.

(갈라디아 성도들이 꾀임을 받았다고 말하는,) 명백하게 거친 바울에 대한 히에로니무스의 두 가지 해법을 살펴봄으로 루터는 3장을 시작한다. 이것이 갈라디아 성도들이 쉽게 꾀임을 당하는 특성을 반영한다는 히에로니무스의 주장은 거부하지만, 갈라디아 성도가 율법을 다시 신뢰함으로 믿음에 관한 중대한 것에서 사소한 일로 옮겨 갔기에 바울이 그들을 어린이로 여긴다는 히에로니무스의 견해는 받아들인다. 갈라디아서 3:3에서, 루터는 히에로니무스의 해석과, (정결법적) 율법의

---

through faith will live."

행위와 선행 사이를 구분하는 것을 문제 삼는다. 에라스무스가 생각한 대로 우리가 선행을 통해 성령을 받았다는 주장과는 전혀 상관없이, 루터는 믿음으로 말씀을 들을 때 성령이 오셨다고 주장했다. "사도는 정결법만이 아니라 절대적으로 모든 율법을 가리킨다. 그 말은, 믿음만이 의롭게 하고 선한 행위를 하기에, 율법의 어떤 행위도 의롭게 하지 않거나 선하지 않고, 오직 믿음의 행위만이 선하다는 뜻이다."[15] 그 후 그는 하나님의 말씀을 믿음으로 들어야 하는 필연성에 대해 길게 토론한다.

그런 뒤 루터는, 바울이 5절을 통해 갈라디아 성도의 경험을 논하는 것으로 이해한다. 이어 6절에서 바울이 아브라함의 예를 소개하는 것을 주목한다. 바울이 여기에서 토론을 줄였음을 루터는 깨닫고, 갈라디아 성도는 이미 더 온전한 논쟁에 익숙한 것으로 추정한다. 바울 자신에게 직접 들었고, 로마서 4장에서 길게 설명한 것이다. 루터 해설의 이 부분에서 독자에게 아주 분명한 것은, 덴마크 학자 라이프 그레인(Leif Grane)이 이미 1515-1516년 어간 루터의 로마서 해석에서 발견한 것에 대한 루터의 깊은 관심이다. 그것은 곧 신학의 담화 방식(*modus loquendi theologicus*)이다.[16] 여기서

15) WA 2:508, 12-15 (=LW 27:248, 교정 첨가)
16) See Leif Grane, *Modus loquendi theologicus: Luther Kanmpf um die Erneuerung der Theologie (1515-1516)* (Leiden: Brill, 1975).

루터는 이 문제를 두 각도에서 다룬다. 루터는 한편 바울이 성서를 독특한 방식으로 읽었음을 보았다. 루터는 다른 한 편으로 바울이 "논리적 논쟁의 규칙"을 따르지 않았음을 지적한다.[17] 우리가 보게 될 것처럼, 루터의 십자가 신학이 어떻게 그의 성서 읽기에서 유발되는지를 보여 주는 것은 두 번째 포인트다.

첫 번째 포인트에 대해, 루터는 이렇게 말한다. "이 본문에서 당신은 바울이 얼마나 골똘하고도 주의 깊게 성경을 읽어 주길 바라는지를 엿볼 수 있다. 누가 창세기 본문에서 이런 증거들을 끌어오겠는가 말이다."[18] 성서에 대한 바울의 접근은 바울 자신의 대화 상대자인 거짓 사도들과 루터 자신 모두를 도전한다. 아브라함의 믿음이 할례의 행위를 선행하며, 상속자로서 이삭을 얻을 권리를 스스로 획득한 것이 아니라 "상호약속"(*repromissio*)의 결과로 그것을 받은 것이고, 따라서 믿음을 통해 받았는데, 그 믿음이 아브라함의 모든 자손을 창조했다는 바울의 주장에 루터 자신도 똑같이 할 말을 잃었다.

두 번째, 바울은 또한 서툰 논리가였다. 언뜻 보기에 사도에 대한 말 치고는 못 할 말로 보일 수 있다. 그러나 여기서 루터의 접근은 복음 자체가 가진 내재적인 어리석음과 관계

17) WA 2:511, 11 (=LW 27:252).
18) WA 2:511, 1-2 (=LW 27:252, 교정 첨가).

가 있다. 바울과 다른 성서 저자들이 취하는 비논리적 주장을 심각하게 여길 때에야 해석자들은 하나님의 참된 지혜를 열 수 있다. 여기 루터가 1519년에 주장한 방법이 나온다. 그는 5-7절에 있는 바울의 주장을 작은 전제가 빠진, 축소된 논리적 주장으로 보았다. 주요 전제는 단순히 "아브라함의 믿음이 의로 일컬어졌[또는 여겨졌][6절]"고, 결론은 "성령을 받고, 덕스러운 행동을 하는 것은 따라서 듣고 믿음에서 왔다[5절]."[19] 바울의 삼단논법에서 빠진 "중간 항"(middle term)은 의로 여겨진 믿음은 성령을 받는 것과 동일하다는 것이다(5절). 그러나 루터는 동어 반복(tautology)일 수 있음을 인식하여 말한다. "따라서, [바울은] 아무것도 증명하지 않거나, '성령을 받는 것'과 '의로 여김 받는 것'이 같은 것임을 증명한다."[20]

루터의 성서 읽기의 또 다른 중요한 면은 성경적 언어의 정확한 의미 발견에 대한 강렬한 주장이다. 그가 헬라어나 히브리어 단어의 정의를 당연히 여기는 일은 극히 적었고, 특정 단어나 표현을 사용하는 저자 뒤에 숨은 의도를 풀기 위해 가용한 모든 도구를 사용했다. 우리가 주목하는 1519년 갈라디아서 주석서의 이 부분은 그의 관심과 그가 3년

---

19) WA 2:511, 12 (=LW 27:252). 자세한 내용은 [저자의] 세인트 앤드루스 강의를 참조하라.

20) WA 5:511, 14-15 (=LW 27:252). 따라서 전체 삼단논법은 이렇다. 주요 논법: '(아브라함의) 믿음은 의로 여겨진다'(6절). 소 논법: '믿음이 의로 여겨지는 것과 성령을 받는 것은 같다.' 결론: '따라서 믿음은 성령을 받는다'(6절).

동안 어떻게 자신의 마음을 바꾸었는지를 보여 주는 좋은 예다. 1519년에 루터는 (루터와 우리가 대개 '하나님의 은총'으로 해석하는) '*charis Theou*'를 "*favor Dei*"(하나님의 호의)로 번역하라는 에라스무스의 제안에 대해 간접적으로 의문시했다. 얼마간 그는 그 의견을 거절했고, 은총은 주입된 능력이나 선물이라는 중세적 의견에 묶여있었다.

> [선행되는 내용도] 참되므로, 따라서 반복한다. 하나님께서 정하신 것이 아무것도 아닌 것으로 생각되지 않도록. 하나님이 호의를 베푸시고 [의로] 정하실 때, 실로 성령을 받는다. 선물이며 은총이다. 그렇지 않으면, 인간 사이에 호의가 실천되듯 은총이 호의만을 뜻한다면, 영원부터 은총은 하나님 안에만 있고 지금도 하나님 안에 머물 것이다. 하나님이 말로만이 아니라 실체 가운데 사랑하시듯, 그분은 말로만이 아니라 지금의 현실 가운데 호의를 베푸시기 때문이다.[21)]

그러나 1521년이 되면서, 그의 소책자 『라토무스를 반박하여』(Against Latomus)에서 루터는 에라스무스의 주장을 전적으로 지지하는데, 아마도 (그 이전 해부터 *charis*를 "호의"로 정의하기 시작한) 필리프 멜란히톤과의 대화 때문에 생긴 일일 수 있다. 거기서 루터는 *charis*를 독점적으로 "하나님의 호의"(*favor*

21) WA 2:511, 15-21 (=LW 27:252, and the German translation in StLA 8:1472).

Dei)로 번역할 것을 주장한다.[22] 1523년의 갈라디아서 주석 2판에서, 그는 이 부분 전체를 아예 삭제해 자신의 마음이 변한 것을 다시 보여 준다. 1519년에서 1523년 사이에 일어난 이 변화는 적어도 루터가 성서 본문과 본문의 합당한 번역에 얼마나 세밀한 관심을 가졌고, 그가 얼마나 멜란히톤과 심지어 에라스무스로부터도 배우려고 했는지를 보여 준다.

그러나 1519년만 해도 루터는 은총에 관해서는 여전히 중세적 이해를 가지고 있었다. 한 영혼 안에 사랑의 기질(disposition of love)을 주입함으로 하나님께서 받으실 만한 가치 있는 사람으로 만드신다는 것이다. 여기서 루터는 현실(reality)로부터 말씀을 분리하는 것을 피하고 싶어 했다. 하나님은 약속하신 것은 언제나 지키신다. 따라서 루터가 걱정한 것은, 하나님의 은총을 이해할 때 믿음의 실제적 삶("지금의 현실")과 아무런 관계없이 말로 ("하나님 안에" 있는 어떤 것으로) 하나님의 한 특성으로 정의하는 것이었다. 이후에 그는 에라

22) WA 8:106, 1-28. 다음의 부가적인 자료를 참고하라. Rolf Schäfer, "Melanchthon's Interpretation of Romans 5:15: His Departure from the Augustinian Concept of Grace Compared to Luther's," in *Philip Melanchthon (1497-1560) and the Commentary*, ed. Timothy J. Wengert and M. Patrick Graham (Sheffield: Sheffield Academics, 1997), 79-104. 루터와 멜란히톤의 신학 비교를 위해서는 다음을 참조하라. Martin Greschat, *Melanchthon neben Luther: Studien zur Gestalt der Rechtfertigungslehre zwischen 1528 und 1537* (Witten: Luther Verlag, 1965), espcially 80-109.

스무스의 (그리고 멜란히톤의) 헬라어 정의를 받아들임으로 같은 논점을 더 강력하게 만들 수 있음을 발견했다. 하나님의 은총과 자비는 결코 그저 하나님 안에 있는 특성이 아니라, 항상 믿음을 창조하고 관계적인 것이다. 그 둘은 우리에게 정말 어떤 일을 한다.

바울의 논리에 대한 루터의 "비판"으로 돌아가서, 루터 역시 바울에게서 두 번째로 엉성한 삼단논법을 보았는데, 이번에는 6-7절이다. "아브라함이 믿었고, 따라서 믿음으로 말미암은 자들은 아브라함의 자녀"라는 이 본문은 비논리적이다. 바울의 유대 대적자들은 쉽게, "아브라함이 할례를 받았고, 따라서 할례받은 자들은 그의 자녀"라는 주장을 펼칠 수 있기 때문이다. 여기서 루터는 이삭을 낳은 것에 대한 말이 빠졌다고 주장했다. 그 일은 육체에 일어난 일이긴 하다. 그러나 (아브라함이 자신의 육체로부터 아이를 낳는 일은 불가능한 나이였다는 점에서 볼 때) 하나님의 약속에 대한 믿음에서 이삭이 태어났다. "따라서, [이삭은] 아브라함의 아들이라기보다 약속하시는 하나님을 믿는 자의 아들이다."[23]

바울의 연약한 논증에 대한 루터의 철저한 주장은 8절에서도 계속되었다. 먼저 루터는 "성경이 미리 알고"라는 표현에 "다시 말해 성서의 성령께서"라는 말로 주석을 달았

23) WA 2:511, 32-33 (=LW 27:253).

다.[24] 그리고 이것이 히에로니무스를 괴롭혔던 문제를 해결했다. 그래서 그는, 사도가 성경을 인용할 때 실제 본문이 아니라 의미에 따라 했다는 히에로니무스의 염려를 일축할 수 있었다. 대신, 루터는 바울이 대체 어떻게 이 구절을 창세기에서 사용할 수 있었는지를 놓고 의아해했다. 이 구절이 창세기 12장을 지칭하고, 자손에 대한 약속은 창세기 15장까지 나오지 않으니 말이다. 히에로니무스는 이 본문을 창세기 22장과 관련지어 해결했다. 그리고, 그럴 수 있다고 루터는 인정했지만 (그래서 바울이 사용한 "너"란 단지 "너의 자손"이라는 표현의 축약이지만), 루터는 전체 이슈를 다음과 같이 놀랍게 일축하여 논의에 대한 결론을 짓는다. "여기서 그가 무엇을 말했는지는 아무런 문제가 되지 않는다."[25] 왜 그런가? "이런 것은 아브라함에게 말씀하신 것이다. 나이 든 아무에게나 또는 육체에 하신 것이 아니라, 믿고, 순종하며, 영적인 사람, 그리고 완전히 다른 사람에게 하셨다. 한마디로, 약속을 붙잡는 사람이다. 따라서, 성경은 이 [믿는] 아브라함의 자녀와 씨가 되려는 사람 외에 아브라함에게 어떤 자손도 없음을 우리에게 가르치길 원한다는 뜻이다."[26] 해석에서 이런 자유는, 루터 자신의 해석 앞에 무조건 조아리고, 본문을 해석

24) WA 2:512, 4-5 (=LW 27:253).
25) WA 2:512, 17 (=LW 27:254).
26) WA 2:512, 18-21 (=LW 27:254, 수정 삽입).

할 오직 하나만의 "올바른 길"이 있다고 생각하는 것으로부터 우리를 막아 준다. 루터에게, 그리고 멜란히톤과 같은 초기 루터란 해석가들에게, 중요한 것은 주요 논지를 기억하는 것이었다. 루터에게 다양한 해석적 가능성은 이러한 본문 안에 내장된 하나님 약속의 확실성을 약화하지 않았다. 그리고 성서 해석에서 그 확실성이야말로 루터의 목표였다.

이제까지 루터가 재구성한 바울의 논의는 아마 다음과 같이 표현할 수 있을 것이다. "아브라함은 약속만을 붙잡는 믿음에 따라 아들을 얻었다. 나는 약속에 대한 믿음에 따른 아들이다. 따라서 나는 믿음으로부터 아브라함의 자손이다." 그러나 그는 심지어 이 논의조차 공격받을 수 있음을 깨달았다. 따라서 9절을 해석하면서, 다음과 같이 바울의 논의에 대한 반대를 재구성했다. "그러나 애매한 말을 하는 일단의 사람들이 여전히, '아브라함이 믿었고, 따라서 믿는 자는 그의 자손이라는 식으로 논의하는 방식은 통하지 않는다. 왜냐하면 아브라함이 실로 믿음을 통하여 아들과 씨를 얻었지만, 그의 자손이 꼭 믿을 것이라는 말은 아니기 때문이다'라는 말로 반대할 것이다."[27] 그렇지 않다면, 아브라함이 소유한 것은 가나안을 포함하여 무엇이든지 믿어야 하기 때문이라고 루터는 말을 이어 간다.

27) WA 2:512, 33-36 (=LW 27:254, 수정 삽입).

루터는 이 "논리적 결함"을 첫 번째는 (로마인과는 다른) 갈라디아인들의 단순함을 가리킴으로 해결한다. 그들은 단지 "그와 같아지지 않고는 아브라함의 자손이 될 수 없다"라는 점을 알아야 했다.[28] 그러나 루터 역시 여기에 더 깊은 신비가 도사리고 있음을 알았다. 다시 말해, 이 논의에서 진리의 전제는 하나님의 신뢰도(reliability)에 의존했다. "그러나 하나님의 약속과 예정은 거짓될 수 없으므로, 어렵지 않게 [삼단논법의] 결론 역시 오류가 없어서, 약속된 모든 자는 신실한 자 가운데 있다. 그리하여 약속된 이들의 믿음은 행위와 그들의 믿음의 필연성이 아니라 하나님의 택하심의 신뢰도 위에서 있다."[29] 실로 루터에게 하나님의 택하심은 하나님의 무조건적 약속 외 다름 아니다. 선행이나 믿음조차 그렇게 신뢰할 만하지 않기 때문에 무조건적 약속은 우리가 기반을 둘 수 있는 믿을 만한 유일한 것이다. 그렇다면 루터에게 성서의 신뢰성은 하나님이 선택하시며 하시는 약속 위에만 단정하게 서 있다(성서를 오류 없는 과학 서적 또는 법률 서적으로 만들려는 후대의 시도는 그의 논쟁과 하등의 관계도 없다). 그 말은, 우리가 1-3장에서 본 대로, 루터에게 성서 해석에서 정말 중요한 것은 하나님이 우리에게 주시는 주권적이고, 돌이킬 수 없는 약속을 발견하는 것과 그 약속을 우리 귀와 마음에 들리도록 하는 것

---

28) WA 2:513, 3-4 (=LW 27:254-55).
29) WA 2:513, 6-9 (=LW 27:255, 수정 삽입).

이다.

그러면 성서와 바울의 논리 둘에 관한 루터의 담화 방식(*modus loquendi*) 이해 중심에는 하나님의 온전히 무조건적이고, 신뢰할 만하며, 어리석은 약속의 발견이 박동 친다. 이 약속이 없이는, 바울은 성서를 잘못 인용하고 오해하는 것으로 보이고, 자신의 주장을 펼치려고 약한 논의를 내놓고, 독자로 행위에 관한 것이든 믿음에 관한 것이든 모든 것을 인간 기준에 따라 해석하길 강요하는 것처럼 보인다. 반대로, 만약 성서가 그야말로 자비롭기로 한 하나님의 결정을 계시했다면, 바울의 비논리만이 하나님의 마음 중심에 대한 성령의 이해라는 중요한 것을 진실로 이해한 것이다.

그러나 바울의 어리석음에 대한 루터의 탐구는 끝나지 않았다. 갈라디아서 3:10에서 신명기 27:26을 인용하므로 바울은 모세의 머리에 공격을 가하며, 다시 황당하게 말했다. "사도의 놀라운 삼단논법을 보라!"[30] 모세는 율법책에 기록된 것을 하지 *않은* 사람을 저주했다. 바울은 율법의 행위를 한 사람을 저주했다. 보르기오 베스도처럼 어떤 이들은 바울을 미쳤다고 부를 수 있다!(행 26:24) 루터는 율법을 행하는 것과 성취하는 것 둘 사이를 구분함으로 이 이의를 해결했다. "누구든지 믿음 밖에 있는 사람이 실로 율법의 행위를

30) WA 2:513, 23-24 (=LW 27:255).

할 수 있지만, 그들은 율법을 성취하지 않는다."[31] 할례받은 자인데도 율법 전체를 성취하지 않는다면, 다른 이가 율법의 다른 어떤 행위도 하지 않는 것이 확실하다. 따라서 모세는 모두를 저주 아래 두었다. 아무도 율법의 어떤 부분도 성취하지 않았고, 그래서 모두가 구속자이신 그리스도가 필요했기 때문이다. 율법을 성취하는 것처럼 보이는 사람조차 단지 그렇게 가장하는 것이다.

그러나 루터는 성서를 흥미로운 역사적 그리고 신학적 사실로만 축소하는 것으로 절대 만족하지 않았다. 대신, 그에게 의미란 본문의 해석으로 하여금 자기 자신의 상황에 말씀하시도록 하는 것을 포함했다. 이 경우, 루터는 그가 "나의 중립주의자들"이라고 부르는 이들(다시 말해, 공적이 되는 행위로부터 선행을 구분하고선, 죄인이라도 율법을 성취하는 선행을 할 수 있다고 말한 이들)을 추격했다.[32] 이 반대자들은 (히에로니무스와 에라스무스와 더불어), 바울이 단지 죽음과 저주를 가져오는 정결에 관련한 행위에 대해 말한다고 주장했다. 루터는 대신에 누군가가 정결법을 신뢰하지 않는 한 그 법은 악하지 않다고 주장했다. 바울은 (반대자들의 주장과) 반대로 모든 율법에 대해 말하고 있다. 그리고 루터는 히에로니무스의 이름을 거명하며 격돌한다. 히에로니무스는 본문에 '*모두*(every)와 '*모든*(all)을 첨가하여 바

31) WA 2:513, 32-33 (=LW 27:256).
32) WA 2:514, 7 (2:503, 7, 그리고 WA 5:408, 22 참조).

울의 논리를 일소해 버렸다. 그러나 본문을 정결법적인 것으로 축소하는 것은 갈라디아서 3:13-14와 모순된다. 이방인이 전혀 정결법 아래 있지 않았다는 점에서 볼 때, 그리스도께서 단지 정결법의 저주에서 구속하신 것이 아니기 때문이다. "앞에서도 말한 것처럼, 그리스도께서 우리를 단지 할례, 안식일, 복장, 음식 그리고 손 씻는 일 같은 것으로부터만 해방하시고, 음욕, 욕심, 분노, 불경건과 같은 훨씬 더 심각한 것으로부터는 해방하지 않으셨다면 그분이 성취하신 것은 너무 시시하다."[33] 히에로니무스의 주장은 그리스도를 영혼이 아니라 몸의 구세주로 둔갑시킨다. 루터는 이렇게 결론 내린다. "따라서 무슨 율법이든지 믿음 밖, 다시 말해, 마음의 순수, 결백, 그리고 의로움 밖에서 된 것은 다 죄이며 저주일 뿐이다."[34] 루터에게 율법에 기록된 것은 믿음이며, "이것[믿음]만이 율법의 모든 것을 행한다."[35]

이 논법을 따르면서, 루터는 바울이 왜 신명기를 인용했는지에 대한 근본적인 가정으로서 11절을 해석했다. 그는 바울의 말을 의역한다. "여러분은 [율법에] 기록된 것을 하지 않는 사람은 저주를 받았다는 말을 모세에게서 듣는다. 그리고 나는 동시에 그런 사람은 행위로 사는 자라고 여긴다."[36]

---

33) WA 2:514, 18-21 (=LW 27:257, 수정 삽입).
34) WA 2:514, 22-24 (=LW 27:257, 수정 삽입).
35) WA 2:514, 36 (=LW 27:257).
36) WA 2:514, 39-40 그리고 515, 1 (=LW 27:258은 원문의 '*sunt*'를 '-에

바울에 대한 루터의 견해에 있어서, 율법의 행위를 하는 것(performing)과 율법을 지키는 것(keeping)은 별개의 것이다. 율법을 지키는 것은, 바울의 하박국 2:4 말씀 인용이 증명하듯, 믿음으로만 일어난다. 믿음 없이 율법의 행위는 죽음과 불의한 것이고, 따라서 "기록된 것을 성취하지" 않는다(신 27:26 참조).

루터는 그러고는 12절로 가는데, 율법과 믿음은 같은 것이 아니라는 바울의 주요 논지를 다시 되풀이하는 것으로 보았다. "[율법] 자체나 그것의 행위도 믿음으로부터 말미암거나 믿음과 함께 하지 않는다."[37] 루터에게 있어, 바울의 레위기 18:5 인용은, 율법의 행위자가 살되, 벌을 피하고, 율법의 보상을 얻은 행위 안에서만 살 뿐임을 보여 주었기 때문이다. 하나님 안이나, 믿는 아브라함의 자녀로 살지 않아서, 하나님께 죽은 자에 불과하다. 루터는 외적으로 드러난 것(사람의 눈에 보기에 어떤 이가 율법을 성취하는 것으로 보이는 상황)과, 믿음 없이 사는 내적 불의함 사이를 구분했다. 그리고 다시 그는 히에로니무스의 해석을 공격하는데, 율법에 대한 그릇된 이해, 그리고 후자가 오리게네스로부터 배운 것으로, 율법을 지나치게 우화화하는 것에 문제가 있다고 지적한다. 구

의지하다'[rely on]로 번역하고, StLA 8:1475는 '*sunt*'를 "*umgehen*"으로 번역함).

37) WA 2:515, 13-14 (=LW 27:258).

약의 인물들이 단지 그림자이고, 그래서 그들을 모세의 저주 아래 두라는 주장과는 너무나 달리, 루터는 이 견해가 "통째로 틀렸다. 율법과 율법의 행위를 명령하시기 전에도, 그들이 믿음으로 의롭게 되고 성화 되어 하나님 앞에 살았기 때문이다"라고 주장했다.[38] 제1장에서 함께 본 대로 루터에게 두 성경을 연합하는 것은 믿음뿐이다. 그렇게 하여 모든 것, 그리고 모든 사람을 그리스도 안에 있는 하나님의 약속된 자비에 대한 믿음을 축으로 돌아가게 만든다.

이것은 마침내 13-14절에 대한 루터의 1519년 해석과 그리스도 안에서의 구원 이해로 우리를 이끈다. 첫째, 루터의 바울 읽기는 모두를 율법의 저주 아래 두었다. 그 결과, 죄인이 "율법 부여자(즉, 사람들이 먼저 사랑의 습관을 지니길 기대한 하나님)의 의도대로"는 아니지만 적어도 "행위의 본질"(substance of the act)에 따라서는 율법을 성취할 수 있다고 생각한 후기 중세 신학자들을 루터는 처음부터 공격한다. 그런 접근을 일축한다. "율법의 저주 아래 있지도 않고 구속하는 분으로 그리스도를 요구하지도 않는 이들의 결점이 보인다."[39] 여기서 종교 개혁의 원인과 루터의 바울 해석이 만난다. 루터가 보기에, "네 안에 있는 것을 행함"으로 저주 아래의 상태

38) WA 2:515, 31-33 (=LW 27:257, 수정 삽입). 동일한 부분에서, 루터는 히에로니무스적 접근을 구하려고 시도한다. 히에로니무스가 나중에 주석서에서 모두는 또한 도덕법에 따라 죄인임을 인정했기 때문이다.
39) WA 2:516, 9-10 (=LW 27:259, 수정 포함).

에서 벗어나려고 한 루터의 동시대인들은 구속주로서 그리스도를 제거했다.[40]

그들의 주장과 대조적으로, 루터는 은총 밖에 있는 사람은, 간음이나 살인을 저지르지 않음으로 죄를 짓는 것이 아니라, 음욕, 증오와 같은 내적인 것으로 죄짓는다고 주장한다. "마음과 육의 숨은 이 불결함은 그리스도의 은총에 대한 믿음이 아니고는 제할 수 없다."[41] 율법의 의도는 은총을 획득함으로 율법을 지키는 것이 아니라, 은총과 더불어 지키는 것이라는 말로 루터는 이어간다. "그래서 믿음의 은총 없이는 우리가 모두 율법의 저주 아래 있다."[42] 율법이 사람을 그리스도와 은총으로 몰아가게 되어 행위와 공로는 벗겨지고 오직 믿음을 가질 수 있게 된다는 루터의 이 통찰력은 바울에서 있어서 율법에 대한 그의 전반적 이해를 주도했다. "'의인은 믿음만으로 살기 때문에' 율법의 저주는 분명히 불신자에게 놓인다. 우리가 그리스도의 구속을 무가치한 것으로 만들거나, 정결법적인 것들을 지칭하는 것으로 만들지 않게 하려는 것인데, 후자로부터라면 인간조차 우리를 구속할 수 있다."[43]

같은 곳에서 루터는 이 구절들을 바울이 고린도후서 5:21

40) WA 2:516, 12 (=LW 27:260).
41) WA 2:516, 18-19 (=LW 27:260, 수정 포함).
42) WA 2:516, 21-22 (=LW 27:260, 수정 포함).
43) WA 2:516, 22-25 (=LW 27:260, 수정 포함).

("하나님이 그리스도를 우리를 대신하여 죄로 삼으신 것은…")에서 한 논평과 연결한다. 그리고 이 두 본문에 나타난 바울의 역설에 근거하여, 루터 자신의 더 "복된 교환"(happy exchanges)이라는 것을 만들었다. "전적으로 유사한 어구 전환에서 '우리가 그분 안에서 생명이 되도록 그가 죽으셨다.' '우리가 그분 안에서 자랑이 되도록 그가 수치를 당하셨다.' '우리가 그분 안에서 모든 것이 되도록 그분이 우리를 위해 모든 것으로 만들어졌다.' 다시 말해, 우리가 그분을 신뢰하면, 율법은 이미 성취되고 우리는 율법의 저주 아래에서 자유를 얻는다."[44] 그러면 루터에게, 복과 저주, 죄와 의라는 바울의 역설들은 해명해야 하는 본문이 아니라 믿음을 통해 모든 곳에 적용되는 화법인 셈이다.

그런 뒤 루터는, 그리스도가 하나님께 저주받았다는 것을 인정하는 것을 피하려고 한 히에로니무스를 조롱한다. 루터에게 히에로니무스의 반대는, 예수께서도 자신에게 이사야 53:12("… 그가 범죄자 중 하나로 헤아림을 받았음이니라…")를 적용함으로 확증한 바울의 요지를 비껴갔다. 루터는 (복이 이방인들에게 온다는) 바울의 논의를 그리스도인의 삶에 대한 다음과 같은 그의 핵심적 통찰 중 하나와 연결 짓는다. '선행이 선한 사람을 만드는 것이 아니라 선한 사람이 선행한다.' 또는 "이방

44) WA 2:516, 33-36 (=LW 27:260, 수정 포함).

인이 아브라함의 자녀인 것은 그들이 그를 따라 해서가 아니라 약속이 그들에게 주어졌기 때문이다. 따라서 그들도 그를 본받을 것이다. 자신들의 행함과 본받음의 결과가 아니라 하나님의 약속과 성취의 결과로 그들이 자녀가 되었기 때문이다. 본받음이 자녀를 생산하지 않고, 자녀 됨이 본받는 자를 만들기 때문이다."[45)]

1535년의 갈라디아서 3:6-14

루터의 두 번째 갈라디아서 해석에 관한 책에서 케네스 헤이건은, 루터의 해석적 방법은 본문에 대한 스콜라적 또는 인문주의적 접근보다 수도원적 접근과 공통점이 많다고 주장한다.[46)] 이 주장이 루터의 논평들의 길이와 그것들이 취한 명상적 형태를 설명하는 데 도움 되는 것은 확실하지만, 헤이건의 이론은 너무 협소할 따름이다. 이 시점에 이른 루터는 성서 본문의 의미를 풀기 위해 가능한 모든 방법과 접근을 동원했다. 따라서 우리가 이미 본 대로, 그의 강의와

45) WA 2:518, 13-16 (=LW 27:260, 수정 포함).
46) Kenneth Hagen, *Luther's Approach to Scripture as Seen in His "Commentaries" on Galatians, 1519-1538* (Tübingen: Mohr Siebeck, 1993).

주석은 상세한 '논의'(argumentum)라는 성격을 띠는데, 이것은 성서에 대한 인문주의자의 특성이다. 그 역시 헬라어 본문, 고대 주석서, 그리고 바울의 논쟁에 있는 수사적 방향 전환을 언급했는데, 수도원적 본문 읽기와는 별 상관이 없고, 모든 성서 주해에 족적을 남긴 비텐베르크 인문주의라는 독특한 브랜드와 상관있었다. 그의 방대한 1535년 주석서는 확실히 수도원적 *렉시오 디비나*(lectio divina: 성독[聖獨])와 공통분모가 많지만, 어떤 하나의 범주에 꼭 들어맞지는 않는다. 루터가 (영혼[또는 주해가]과 하나님 사이의 대화로 표시되는) 명상 자체만이 아니라, (인문주의자들이 사랑한 주석 기법인) 의역과 루터 자신의 상황에 직접 본문을 적용하는 방법도 사용했기 때문이다.[47] 루터의 방법은, 각 절에 대한 해석이 듣는 사람의 믿음을 강화할 때만 그것의 목표에 도달했다고 추정하는 설교론적 스타일을 보여 준다.

1535년 주석서에서, 루터는 바울의 논쟁을 1519년 주석서에서보다 더 분명하게 구분 짓는다. 사도가 성서 특히 아브라함에 근거한 논쟁(3:6-14)으로, 그리고 마침내 사람의 예에 근거한 논쟁(3:15-18)으로 진행하기 전에, 먼저 자신의 경험을 두고 논쟁(3:1-5)하는 것을 보았기 때문이다. 이 장(章)의

47) 다음 자료를 참조하라. Mark U. Edwards, *Luther and the False Brethren* (Stanford, CA: Stanford University Press, 1975) and Timothy J. Wengert, "Luther and Melanchthon—Melanchthon and Luther" in *Luther-Jahrbuch* 66 (1999): 55-88.

첫 부분에서 그는 다시 바울의 율법 이해를 정결법에 관한 것으로 축소하기를 드러내놓고 거절하는데, 우리의 관심사인 중간 부분에서 그에게 또한 요리할 더 큰 물고기가 있었다.

그러나 루터의 접근을 음미하려면, 우리는 그의 다른 해석적 기법들도 확인할 필요가 있다. 위에서 서술한 논의 외에, 루터는 특히 의역과 자신이 현재 처한 상황에 직접적으로 적용하는 방법을 사용했다. 이 기법들은 위에서 설명한 담화 방식(*modus loquendi*)에 대한 그의 가장 중요한 신학적 몰입 또는, 이 주석서의 문맥을 고려하자면, 복음의 생생한 소리(*viva vox evangelii*)라고 더 낫게 표현할 수 있는 것에서 나왔다. 이것은 권위를 가진 것으로서 사도의 본문과 벌인 루터의 씨름을 나타냈다. 다시 말해, (라틴 용어 *auctoritas*[저술된 또는 생산된 어떤 것]의 본래적 의미를 이용하자면) 독자 안에서 무엇인가를 이뤄내는 본문으로서 말이다. 우리가 2장에서 본대로 루터에게 이 "생산물"(production)이란 율법을 통해 정죄당하여 죽고, 복음을 통해 용서받고 살아나는 것을 뜻한다.

게다가, 루터는 의역을 그와 같은 "수권(授權)"(authorization)의 특히 능숙한 형태로 사용했다. 의역은 16세기 청자나 독자에게 직접적으로 바울이 말씀할 수 있도록 하여, 사도의 말을 그들의 실제 상황으로 온전히 가져오기 때문이다. 루터는 바울의 말에 생생한 의미를 부여하려고 했다. 해석서의 이 부분에 나오는 많은 예 가운데, 갈라디아서 3:9("그러므로 믿음으로 말미암는 자는 신실한 아브라함과 함께 복을 받을 것이다")에[48] 대한 루터의 말을 고려해 보자.

> 여기서 강조와 모든 힘이 "*신실한* 아브라함과 함께"라는 표현 안에 실렸다. 바울이 동일한 아브라함을 두 사람으로 만들어 아브라함으로부터 아브라함을 구분하기 때문이다. 마치 이렇게 말하기라도 하듯 말이다. "선행을 하는 아브라함과 믿는 아브라함이 있다. 우리는 선행을 하는 아브라함에게 관심이 있는 것이 아니다. '그가 만일 행위로 의롭다고 함을 받았으면 자랑할 것이 있지만, 하나님 앞에서는 아니'[롬 4:2]기 때문이다. 선행하고, 할례받으며, 율법을 지키는 그 생식의(begetting) 아브라함은 마땅히 유대인에게 적용하도록 하라. 그러나 다른 아브라함은 우리에게 적용된다. 다시 말해, 신실한 사람, 의로움의 복을 믿음을 통해 받았고, 아브라함처럼 믿는 모든 이를 위해 동일한 복의 약속을 받았다고 성경이 선언하는 그런 사람이다. 그 결과, 세상이 아브라함에게 약속되었는데, 믿는 아브라함이다. 따라서 아브라함처럼 믿는다면 온 세상이 복되다(다시 말해, 의를 주입받는다)."[49]

루터는 단지 (그가 따른 불가타역의) "*신실한* 아브라함"이라는 말의 중심성을 설명했다. 그리고 그는, 두 아브라함 구분이

---

48) 이 번역은 라틴 불가타역이다. 에라스무스는 헬라어 원문에 기초하여, "복 있다"로 번역했다. 독일어 성경("*warden … gesegnet*")도 헬라어 본문을 따른다.

49) WA 40/1:386, 15-25 (=LW 26:244-45, 수정 포함), 강조는 추가.

바울에게서 나왔음을 증명하려고 로마서 4장에 나오는 아브라함에 대한 바울의 유사한 토론을 사용한다(사실 1519년에도 그랬듯, 그는 로마서에 나오는 바울의 폭넓은 주장을 전반에 걸쳐 언급한다).

그 후 루터는 '복 주다'라는 동사의 의미에 대해 살핀다. 그는 "복이란 다름 아닌 복음의 약속"이라는 말로 시작한다.[50] 복되다는 것은 바로 이 약속을 듣는 것을 뜻한다. "복음을 통해 모든 나라에 이 약속이 전파되고 퍼진다."[51] 영적으로 이해하자면, 구약의 예언자들은 이 약속에서 그들의 모든 예언을 가져왔다. "한마디로, 그리스도의 통치와 온 세상으로 복음이 전해질 것에 대한 모든 예언은 이 본문에서 나왔다."[52] 루터는 바울의 주장을 어떤 유추로 보았다. 그래서 그는 이렇게 쓴다. "믿음의 들음을 통해 의의 주입이 아브라함에게 미쳤듯, 그것은 또한 모든 민족에게 이르렀고 이제도 이르고 있다." 왜 이 말을 할 수 있었을까? "왜냐하면 먼저 아브라함에게, 그리고 그 후 모든 민족에게 들려주신, 동일하신 하나님의 음성(*sermo*, 설교)이기 때문이다."[53]

아브라함에게 주신 약속을 모든 민족에게로 전향함으로, 루터는 본문을 자기 자신의 청자와 독자에게 적용할 수 있었다. "따라서, '복 주다'라는 말은, 세상에 복음을 전하고

50) WA 40/1:386, 26 (=LW 26:245).
51) WA 40/1:386, 28-29 (=LW 26:245).
52) WA 40/1:387, 13-14 (=LW 26:245).
53) WA 40/1:386, 17-20 (=LW 26:245).

가르치며, 그리스도를 고백하고, 그분께 대한 지식을 다른 사람에게 전하는 것이다." 이것은 "전파하고 성례전을 집행하며, 용서하고 위로하며, 아브라함이 받았고 그의 복이었던 은총의 말씀을 설명함으로 신약성서 안에서 계속된 제사장 직분이었다. 그가 믿었을 때 복을 받았듯이, 그것을 믿는 우리도 복된 사람이다."[54)]

아브라함의 약속을 해석하는 바울에게서 루터가 본 것은 선지자에게서도 볼 수 있는 것이었다. 그리고 그 자신이 한다고 생각한 것이었다. 즉, 새로운 청자에게 본래의 약속을 역동적으로 재교육하는 것이다. "조상들에게 아무런 생명력 없이[*frigide*] 약속들이 주어졌다고 본 불경건한 유대인과 오늘날의 궤변론자들, 그리고 분파주의자들과는 달리, [예언자들은] 대단히 부지런하게 약속을 읽고 동경했다. 그리고 그들이 그리스도와 그분의 통치에 대해 무엇을 예언했든지, 이 자료에서 도출했다."[55)] 여기서 루터가 바울을 읽는 방식은 바울과 예언자들이 창세기를 어떻게 읽었는지에 근거를 둔다. 생명력 없이 (다시 말해, 마치 아브라함에게 얼마간의 땅을 약속하신 것이 전부인 것처럼 문자적으로) 읽지 않고 영적으로 읽었는데, 이것은 믿음으로 받을 수 있는 유일한 복이다.

만일 바로 앞에서 루터가 아브라함의 믿음에 대한 바울의

54) WA 40/1:387, 24-27 (=LW 26:245).
55) WA 40/1:387, 31-32 그리고 388, 12-13 (=LW 26:246).

서술과 루터 자신의 시대 사이의 연결점에 관한 암시라도 했다면, 그다음에 직설적으로 말했을 것이다. 여기서 루터는 자신의 요지를 주장하기 위해 "그때 … 했던 것처럼 지금도"라는 구조를 사용한다. "그러나, 유대인들이 선행을 한 아브라함만을 자랑하듯, 교황은 선행하는 분 또는 모범으로서 그리스도만을 제안한다."[56] 루터의 다툼이 단지 과거 어떤 사람들이 아브라함을 그릇되게 해석한 것에 있지 않고, 자신의 시대에도 아브라함과 그리스도를 잘못 해석하고 있는 유사한 방식에 있음을 유의하자. 1530년대에, 비텐베르크 신학자들과 로마 지지자들은, 서로 사랑하라는 예수의 명령이 율법인지 복음인지를 놓고 싸웠다.

> [교황은] 말한다. "누구든지 경건하게 살고자 하면 그리스도께서 하신 것처럼 해야 한다. 요한복음 13[:15]에서, '내가 너희에게 예를 준다. 내가 한 대로, 너희도 해야 한다'라고 말씀하신 그 구절대로 해야 한다." 경건한 사람들이 그리스도의 본을 면밀히 따라야 한다는 점을 우리가 부인하지 않는다. 그러나 이 본을 통해 그들이 하나님 앞에 의로워진다는 점을 부인한다. 여기서 바울은 우리가 무엇을 해야 하는가에 관한 토론이 아니라 어떤 근거로 의롭게 되는가에 관한 토론을 소개한다. 우리의 죄를 위해 죽으시고 의를 위해 살아나신 그리스도만이 우리의 의로 제시되어야 한다. 게다가, 그분은 모범이

56) WA 40/1:389, 12-13 (=LW 26:246).

아니라 선물로 믿음 가운데 이해되셔야 한다.[57]

루터는 다시 선행하는 아브라함과 믿는 아브라함을 구분한다. "따라서 땅과 하늘을 구분하듯 믿음을 가진 아브라함과 선행을 한 아브라함은 분리되어야 한다. 믿음을 가진 사람은 온전히 신성한 사람, 하나님의 아들, 온 세상의 상속자요, 세상과 죄, 죽음과 마귀 등을 이긴 자로서, 아무리 칭찬해도 과하지 않다."[58] 그래서 하나님 앞에서 믿음이면 충분하고, 선행과 모범은 이 세상과 이웃을 위한 것이다.

"그들이 복을 받을 것이다"라는 말로부터 바울이 반대적인 것을 통해 논의를 구성한다는 점을 지적함으로 루터는 다음 부분(10-14절)을 소개한다. 루터에게 이 해석학적 통찰은 중요했다. "성서는 대조로 가득하기 때문이다. 성서는 그 안에 있는 대조를 분별하고, 대조를 통해 성서를 해석할 수 있는 지혜로운 사람의 것이다."[59] 실로 루터는 바로 여기서 성서 해석의 키를 발견했다. 그런 대조가 이성을 뒤집고 독자로 그리스도에 대한 믿음으로 이끌기 때문이다.

바울과 루터 두 사람은 수월하게, 또는 다소 역설적으로 복에서 저주로 옮겨 갔다. 복음에서 계시되었듯, 복은 아브라함에게 주신 약속 안에서만 발견되었으므로, 그 복 밖에

57) WA 40/1:387, 13-20 (=LW 26:246-47).
58) WA 40/1:390, 21-24 (=LW 26:247).
59) WA 40/1:391, 17-19 (=LW 26:248).

있는 것은 어떤 것이든 저주 아래 있었다. 모세에게 주신 하나님의 율법, 그리고 다른 어떤 인간의 법이나 전통이라는 형태의 율법적 저주에서 벗어나려면, 복에 대한 약속 또는 아브라함의 믿음만이 필요했다. 이점에 비추어, 루터는 또 하나의 묘안을 그의 해석 방법에 소개했다. (우리가 제2장에서 본대로) 모든 비텐베르크 주석가에게 도드라진 것으로서, 본문의 해석 일부는 청자에게 미치는 본문의 효과 안에서 마무리된다는 그의 주장이다. "그것을 아는 것은 극도로 가치가 있다. 양심을 위로하는 데 도움이 되기 때문이다."[60]

그 후 루터는 비텐베르크 주해에서 또 하나의 중요한 가닥을 찾는다. 믿음을 통한 의와 시민적 또는 육적 의의 구분이다. 히에로니무스와 다른 이들이 이 구분을 무시했고, 그 결과 바울이 율법에 대해 영적으로 말하는 것을 시민적 의와 혼동했다고 루터는 투덜거린다. 따라서, 시민적 의가 그리스도와 믿음 밖에 있지만, 그 사실 때문에 그것이 저주 아래 있는 것이 아니고, 하나님의 의를 섬기지 못할 뿐이다. 두 가지 형태의 의를 혼동했을 때 그 사람은 저주 아래 있게 된다. 루터가 이 구분을 한 이유는 무엇인가? 그의 로마 대적자들은 일관되게 그의 입장이 반항을 조장한다고 주장했다.

60) WA 40/1:392, 19 (=LW 26:249). 이 문구는 루터의 강의에는 이렇게 분명하게 표현되지 않았다 (WA 40/1:392, 6).

> 교황과 주교들은 못 견디겠지만 우리가 침묵을 지키는 것은 옳지 않다. 바울에 따르면, 아브라함의 약속과 믿음 밖에 있는 것은 모두 저주 아래 있기에, 교황권이 저주 아래 있고, 황제의 법과 법령이 저주 아래 있다고 우리는 진리를 고백하고 말해야 하기 때문이다. 우리의 대적자들이 이것을 들으면, 우리 말을 왜곡한다. 정부를 공경하지 않아야 한다고 우리가 가르치고, 황제에 대한 반항이라도 조장하듯 말이다.[61]

이런 비난에 대항하여 루터는 육체적 복과 영적 복을 구분할 것을 주장했다. 여기서 우리는 그의 신학적 반대자들의 공격이 그가 해석서에서 한 말에 어떤 영향을 주었는지를 볼 수 있다. 루터는 그들의 견해를 심각하게 여겼다. 루터는 자신을 비난하는 자들에게 답하기 위해 그가 역설적인 것으로 본, 성급한 일반화로 본 것을 강화했다.

> 종합하면, 우리는 모든 것이 하나님의 선한 피조물이라고 말한다. … 다시 말해, 그것들은 이 생애에 걸친 임시적인 복이다. 그러나 모든 세대에서 자기 의에 빠진 자들, 즉 유대인들, 교황주의자들, 분파주의자들, 등은 이것들을 혼동하고 함께 뒤섞는다. 그들은 영적인 복과 육적인 복을 구분하지 않기 때문이다. 따라서 그들은, "우리는 선하고, 거룩하며, 의로운 율법을 가졌다. 따라서 우리는 그것을 통해 의롭게 된다"라고 말한다.[62]

61) WA 40/1:394, 17-22 (=LW 26:250).
62) WA 40/1:395, 15-21 (=LW 26:250-51).

루터의 갈라디아서 해석에서 어떤 것은 변하지 않았다. 1519년 해석에서 본 대로, 루터는 부정적인 진술에서 긍정적인 진술을 증명하는 10절에서 바울 논의의 스캔들을 보았다. 그래서 여기서도 그는 이것을 "놀라운 *[mirabilis]* 증거" 라고 부른다.[63] 마태복음 19:17("네가 생명에 들어가려면 계명들을 지키라")이 기록하는 예수의 진술로부터 정반대의 것("네가 계명들을 지키지 않으면 생명에 들어가리라")을 증명하듯 말이다. "칭의 조항을 바르게 붙들지 않으면 아무도 이 본문을 이해하지 못한다. 히에로니무스는 이것을 놓고 심혈을 기울이지만, 제대로 설명한 적이 없다."[64] 대조적으로 루터는 성서에서 그가 좋아하지 않은 모순을 본 일이 없다. 그리하여 그는 유쾌한 (delightful) 부조리를 만들어 말한다. "만일 당신이 율법을 지켰으면, 당신은 그것을 지키지 않은 것이다. 당신이 율법을 지키지 않았으면, 그것을 지킨 것이다."[65] 루터에게 중요한 것은 결국 ('율법을 행하는 사람'이라는 표현에서처럼) '행하다'라는 동사이다. 율법을 지킨다는 것은 명령하신 것을 단지 이행하는 것이 아니라, 마음의 문제로서, 온전히 지키는 문제다. 율법을 지켰다는 주장 자체는 자신의 선행을 의지함을 의미하고, 이를 통해 인간은 하나님이 아니라 자신을 신뢰한다. 그

63) WA 40/1:396, 31 (=LW 26:252).
64) WA 40/1:397, 18-20 (=LW 26:252).
65) WA 40/1:397, 31 (=LW 26:252).

래서 하나님에 관한 첫 계명을 어기고, 그래서 모든 계명을 범하는 것이다. 루터에게 '행하다'라는 동사는 믿음을 포함한다. "따라서, 분명하고 합당하게 정의한다면, '행하다'라는 말은 그야말로 예수 그리스도를 믿고, 그리스도를 믿음으로 성령을 받기 때문에, 율법에 있는 것들을 행한다는 말이다."[66] 그러고는 선행과 믿음의 관계에 관해 그가 선호하는 이미지로 복귀한다. 선을 행함으로 선한 사람이 된다는, 그가 어릴 때부터 듣고 자란 아리스토텔레스의 도덕을 공격한 이미지다. "믿음은 '행위자' 자신을 가지고 [선한] 나무로 만들어, 그들의 행위는 열매가 되도록 한다. 나무가 먼저고, 후에 열매다. 사과가 사과나무를 만들지 않고, 나무가 사과를 연다. 그래서 믿음이 사람을 만들고, 그 사람은 이후 선행을 한다."[67]

하나님의 말씀인 바울의 저작물이 가지는 역설적 본성은 결코 루터의 중심에서 먼 적이 없었다. 이미 6절에서 "믿음"과 "의"의 불가능한 병렬을 발견했다. 우리가 제3장에서 살펴본 루터의 "십자가 신학"은, 하나님이 죄인과 어떻게 행하시는지에 대한 열쇠를 제공했다. 아브라함을 용례로 사용하는 바울의 경우, 아브라함이 행함이 아니라 믿음으로 의롭게 될 수 있다고 추론하는 것은 명백히 우스꽝스러운

---

66) WA 40/1:401, 20-22 (=LW 26:255).
67) WA 40/1:402, 13-17 (=LW 26:255).

것이었다. 루터는 믿음을 가능한 가장 급진적으로 정의함으로 시작했다.

> 바울은 하나님에 대한 믿음을 최고의 예배, 최고의 복종, 최고의 순종과 희생으로 만든다. … 하나님께 영광을 돌린다는 것은 그분을 믿는다는 것이고, 그분이 진실하고 지혜로우며, 의롭고 자비로운 분으로 여기는 것이다. 간단히 말해, 그분을 모든 선한 것을 지으시고 주시는 분으로 인정하는 것이다. 이성은 이 일을 못 하고, 믿음이 한다. 믿음이 신(the Deity)을 완성한다 좀 극단적으로 말하자면, 믿음은 신의 창조자다. 신의 본질에 있어서가 아니라 우리 안에서 말이다.[68]

루터는 이성을 믿음과 대조되는 것으로 말한다. 그리고 자신의 논의를 수립하기 위해, 믿음을 의로 정의했다. 여기서 루터는 이성이 내린 의에 대한 정의를 자신의 목적을 위해 사용했다. 아리스토텔레스, 키케로, 유스티니아누스(Justinian), 그리고 많은 다른 고대 저자들은 의(*'iustitia*)를 "각자에게 각자의 것을 주는 것"(giving to each his [or her] own)으로 정의했다. 그래서 루터는 믿음이 의롭게 한다고 정의했는데, "그것이 하나님께 합당한 것을 그분에게 드리기 때문이다."[69] 그런데 이 경우 믿음은 특히 하나님이 하시는 말씀이 참됨을 인

---

68) WA 40/1:360, 17-18, 20-25 (=LW 26:226-27).
69) WA 40/1:361, 12-14 (=LW 26:227). 그는 로마서 서문에서 유사한 움직임을 보였다 (WA DB 7:10, 28-33, 그리고 11, 28-34).

정하는 것을 의미한다. 문제는, 이성의 판단에 의하면, 하나님은 "불가능하고 허위적이며, 어리석고 약하며, 불합리하고 가증스러우며, 이단적이고 악마적인 것"을 말씀하신다고 루터는 설명한다.[70] 성만찬 안에 있는 그리스도의 임재에 대해 말하듯, 아니면 거듭나게 하는 세례에 대해 말하듯, 또는 성육신이나 십자가에 죽으심에 대해 말하듯, 모든 것이 그야말로 말도 안 되고 이치에 맞지 않는다. 이성은, 하나님의 음성을 듣고 믿는 것보다, 그것의 선택과 선행이 하나님을 기쁘시게 하리라고 상상했다.

그 결과, 이성은 죽어야만 했다. "그러나 믿음은 이성을 살육하고, 온 세상과 모든 피조물이 죽일 수 없는 그 야수를 죽인다."[71] 이성이 죽어야 했다는 루터의 의견은, 바울("내가 율법으로 말미암아 율법에 대하여 죽었다"[갈 2:19])과 같은 식의 율법 기능에 대한 그의 이해와 직결된다. 여기서 "하나님을 하나님 되게 하는"[72] 믿음의 스캔들이, 자유 선택과 이성 자신의 선행이 가지는 힘에 대한 이성의 주장 자체를 파괴했다. "따라서, 아브라함과 더불어 믿음의 어둠 안으로 걸어 들어가는 모든 올곧은 사람은 이런 말로 이성을 죽인다. '어리석은 이성이여! 하나님께 속한 것을 이해하지 못하는구나. … 판단

70) WA 40/1:361, 15-16 (=LW 26:227).
71) WA 40/1:361, 12-14 (=LW 26:228).
72) Philip Watson, *Let God Be God! An Interpretation of the Theology of Martin Luther* (Philadelphia: Muhlenberg, 1950).

하지 말고, 하나님의 말씀에 귀 기울이고 말씀을 믿어라.'"[73)]

이런 사고의 결과로, 루터는 믿음과 주입을 다음과 같이 정의한다. "그리스도인에게는 두 가지가 의로움을 구성한다. 마음의 믿음과 하나님의 주입이다." 여기서, 아리스토텔레스에게서 꾸어 온 스콜라적 용어를 사용하여, 그는 믿음을 정식(formal) 의로 정의한다. 그런데 이 시점에서 칭의에 대한 중세 스콜라적 이해를 승인하는 것이 아니라 반대되는 일을 한다. 아리스토텔레스적 논리에 힘입어, 중세 신학자들은 모든 것이 질료(matter)와 형상(form)으로 구성된다고 주장했다. 그들에게 믿음은 항상 사랑에 의해 형성되기에 (*formed*),[74)] 믿음 자체는 소재적인 요소를 제공할 뿐이다. 사랑으로 형성된 완성된 믿음이 아니라, 믿음의 구성 요소(믿음의 사실이나 원리)라고 불리는 것 말이다.[75)] 반대로 루터는, 사랑의 행위 없이 믿음 자체가 우리의 "정식" 의라고 주장했다. 믿음을 완성하기 위해 사랑의 행위나 자선의 기질이 필요하지 않았다. 믿음에서 결여된 것, (하나님께 합당한 영광을 돌리는 것으로서) 하나님에 대한 신뢰로 이해되는 것은 그리스도의 의를

---

73) WA 40/1:362, 22-26 (=LW 26:228).

74) 여기서 갈 5:6의 헬라어 원문을 히에로니무스는 라틴어 불가타역에서 "사랑으로 역사하는 믿음"과 대조적으로 "사랑으로 형성된 믿음"으로 번역한다.

75) 예를 들어, 이 용어에 대한 루터의 비평을 다음에서 참고하라: WA 40/1:225, 23-230, 28.

하나님이 주입하시는 것 안에서 보완된다. 그래서 두 가지 다 인간의 행위가 아니라 하나님의 선물이다.

그렇게 되면 루터에게 바울에 대한 합당한 이해는, 바울이 말한 바를 의도한 것이 아니라 선행을 위해 여지를 남겨야 한다고 "이성적으로" 생각하는, 그 이성과의 씨름 가운데에서만 일어나는 것으로서, 말씀에 대한 합당한 정의라는 축을 중심으로 돌아간다. 갈라디아서 3:6에 대한 루터의 요약은, 신실한 해석이란 그러한 정의를 축으로 움직인다는 점을 더욱 확정한다. "'그것을 그에게 의로 정하셨다'라는 구절을 해석하기 위해 내가 이런 것을 말한 것은, 그리스도인의 의가 어떻게 합당하고 정확하게 정의되는지를 성서를 배우는 이들이 이해하도록 하려는 것이다. … [이제] 이 세부적인 사항들이 본질적 차이(*differentia*)로 첨가되어야 한다."[76] 어떤 것의 속이나 종이라는 본질적 차이를 살핌으로 자신의 정의를 계속하려고 아리스토텔레스의 책 『분석론』(*Analytics*)에 나오는 한 줄을 사용한다.[77] 이 경우 루터는, 의(*iustitia*)가 두 가지로 구성된다고 주장했다. 마음의 믿음, 그리고 하나님께서 그것을 온전한 의로 여기시는 것인데, 이 둘은 믿음과 주입을 결합하는 바울의 본문에서 루터가 발견한 바로 그 혼합체이다. 루터에게 이 구분을 지키는 것만이 바울을

76) WA 40/1:366, 22-27 (=LW 26:231).
77) CR 13:521 참조.

합당하게 이해하도록 했다.[78] 믿음은 약하게 하나님께 영광 돌리지만, 하나님은 주신 이 믿음을 그리스도의 의로 강화하신다.

정확하게 이 상황 안에서 "그리스도인은 의인인 동시에[*simul*] 죄인이고, 거룩한 동시에 불경스러우며, 하나님의 원수이면서 자녀이다." 루터가 "궤변론자들"로 부르는 이들은 이것을 믿지 않아서, 칭의에 대한 그들의 가르침은 사람을 더욱 절망으로 몰아갔다. "반대로, 우리는 위에서 기술한 대로 가르쳐서 괴로워하는 죄인을 위로한다."[79] 루터에게 이 '동시에'는 대제사장처럼 그리스도인들이 아침과 저녁으로 희생을 드리는 것을 뜻한다. 즉, 저녁에는 이성을 잡고, 아침에는 하나님께 영광 돌린다.

갈라디아서의 이 부분에 대한 루터의 해석은 13-14절에 대한 긴 해석에서 정점을 이룬다. 여기에서, 과거의 주석과 루터의 동시대 반대자들의 주석에 대한 모든 비판이 무르익는다. 본문 자체는 루터의 십자가 신학에서 전형적인 언어 도단적이고 역설적인 바로 그런 유의 언어로 이루어진다. 1519년에 루터가 이미 언급한 대로, (에라스무스가 따르는) 히에로니무스는 그리스도가 어떻게 저주를 당할 수 있는지 상상조차 할 수 없었다. 물론 바울은 히브리어 본문을 틀리게 인

78) WA 40/1:368, 15-25 (=LW 26:232).
79) WA 40/1:368 (=LW 26:232-33).

용했고, 히에로니무스는 그 점에 근거하여 바울을 교정하는 일에 착수했다. 그러나 루터는 그런 식으로 바울을 땜질하는 것에는 놀라운 아이러니가 숨었음을 발견했다. 히에로니무스와 루터의 대적자들은, 비록 그들의 동기가 그리스도께서 저주받으셨다는 사실을 경건한 영혼들이 듣지 않게 막으려는 것이었을지라도, 자신들의 신학적인 입맛에 맞출 목적으로 바울의 명백한 본문에 대항하여 기꺼이 논쟁하려고 했다. 바울과 신명기를 조화시키기보다, 루터는 각 본문이 각각의 의미를 지니도록 하는 것을 선호했다. 루터에게, 그리스도께서 *우리를 위하여* 저주가 되셨다는 것은 최고의 교리이고, 성경이 죄인, 죽어 가는 자, 그리고 억압당하는 자에게 줄 수 있는 최고의 위로다.

그의 주장을 펴고 역설을 강조하기 위해 루터는, 괜찮은 성서 주석에 대한 현대적 기대와 상당히 생경한 놀라운 수사적 계략을 다수 동원한다. 그러나 만일 루터가 옳다면, 다시 말해 바울의 이 본문이 신자의 마음에 대단히 중심적인 자리를 요구한다면, 그보다 덜 도전적이고 인격적인 해석은 바울을 전혀 심각하지 않게 여기는 결과를 가져올 것이다. 루터가 이것을 성취하는 방법의 하나는 '해석적 판타지'로 말할 수 있는 것을 통해서다. 본문에 나오는 다양한 개념인 율법, 저주, 그리스도는, 루터가 그의 청자와 독자를 위해 본문의 의미를 재현할 때야 제 목소리를 얻는다. 바울 자신의 강력한 언어에 부추김을 받아, 루터 해석의 창의적이고, 설교적인 방법은 최고조에 이른다. 이 본문을 설명하는 첫 시도로서 루터는 단지 이렇게 서술한다.

> 그리고 모든 선지자는 그리스도께서 유사 이래 가장 지독한 도둑, 살인자, 간음자, 강도, 신성 모독자, 불경자 등이 되실 것을 보았다. 이제 자기의 본래적 자신(person)안에서 행동하시는 것이 아니다. 이제 동정녀에게서 난 하나님의 아들도 아니다. 신성 모독자, 박해자, 그리고 폭행자로 이전에 살았던 바울의 죄, 그리스도를 부인한 베드로의 죄, 간음하고 살인한 다윗의 죄를 감당한 죄인일 뿐이다. … 한마디로, 그분의 몸에 모든 사람의 죄를 지녔고 죄의 짐을 진다.[80)]

여기서 루터는 본문을 해석하는 데 *콩게리*(congeries: 단어나 구를 퇴적하여 의미를 자세히 밝히는 수사적 기법, 역자 주)와 예(examples)라는 그가 좋아한 두 개의 수사적 기법을 사용했다. 조금 뒤에, 그는 본문의 위로와 해석을 통한 "궤변론자들의" 죄인에 대한 배신 둘 모두를 강조한다. "그리스도께서 율법의 저주로부터 우리를 자유하게 하시려고 저주가 되셨다는 것이 그리스도에 관한 이 지식과 가장 상쾌한 위로인데, 궤변론자들은 죄 그리고 죄인으로부터 그리스도를 분리하고, 우리가 본받아야 할 모범으로서만 우리 앞에 그분을 세울 때 우리

80) WA 40/1:433, 26-32 (=LW 26:277).

에게서 이 지식과 위로를 빼앗았다."[81]

루터에게, 그리스도께서 우리를 위해 저주가 되시는 것은 그가 몸을 입으신 실존과 동일시된다. 갑자기 독자 자신의 그럴싸한 반대가 목소리를 낸다. "그러나 하나님의 아들을 죄인과 저주라고 부르는 것은 말도 안 되는 어리석고 욕된 일이다." 이렇게 말하고 루터는 계속한다. "만일 당신이 그가 죄인이요 저주인 것을 부인하길 원하면, 그가 고난을 겪으시고, 십자가에 못 박히시며, 죽으신 것도 부인하라."[82] 죄를 없애는 방법으로 "사랑으로 형성된 믿음"을 고집함으로, "교황주의자들"은 성육신 자체로부터 모든 능력을 빼앗았다. "이것은 명백하게 그리스도를 벗기고, 우리의 죄로부터 그분의 옷을 벗기며, 그분을 죄 없으신 분으로 만들어, 우리 자신의 죄로 우리를 압도하고, 그리스도 안이 아닌 우리 안에서 죄를 바라보게 하는 것이다. 이것은 그리스도를 폐지하고 그분을 무가치한 분으로 만든다."[83]

이로써 루터는 이 본문을 해석할 극적인 접근방법을 위한 무대를 마련한다.

이것이야말로 모든 교리 중 가장 기쁜 것이고 최고의 위로

81) WA 40/1:434, 21-24 (=LW 26:278). 루터는 이 본문을 고후 5:21 그리고 요 1:29과 동등시한다.
82) WA 40/1:434, 29-36 (=LW 26:278).
83) WA 40/1:436, 27-31 (=LW 26:279).

를 가진 교리다. 우리가 서술할 수 없고 측량할 수도 없는 하나님의 자비와 사랑을 가졌다고 가르친다. 우리가 율법 아래 그리고 그것을 통해 저주 아래 있고 고통받는 것, 그리고 다른 어떤 것으로도 벗어날 수 없음을 자비하신 아버지께서 보시자 자신의 아들을 세상에 보내셨고, 모든 사람의 죄를 그 위에 얹으신 뒤 그에게 이렇게 말씀하셨다. "부인하는 베드로가 되어라. 핍박자, 불경자, 그리고 폭행자 바울이 되어라. 간음자 다윗이 되어라. 낙원에서 선악과를 따먹은 죄인이 되어라. 십자가의 강도가 되어라. 한마디로, 모든 인간을 대신하는 사람, 모든 사람의 죄를 지은 그 사람이 되어라. 그래서 네가 그들을 위해 대가를 지불하고 희생하라." 그제야 율법이 나타나 말한다. "나에게 그분은 모든 사람의 죄를 스스로 짊어진 죄인이다. 그분 안에 있는 죄 외에 다른 죄는 보이지 않는다. 그러므로 그로 십자가에서 죽게 하라!" 그래서 율법은 그를 공격하고 죽인다. 이 행위로 온 세상이 모든 죄로부터 깨끗해졌고, 속죄되었다. 그래서 죽음과 모든 악으로부터 해방되었다. 그런데 죄와 죽음이 이 한 분에 의해 폐지되자, 하나님은 온 세상에서 순전하게 정화된 의로움 외 다른 아무것도 없듯이 보지 않으려 하신다. 그리고 만일 죄의 어떤 자투리라도 있다면, 여전히 빛나는 태양이신 그리스도 때문에 하나님은 그것들을 보지 않으려 하신다.[84]

물론 여기서 루터는 드라마만이 아니라 그리스도께서 인류의 죄 빚을 "충족하신다"라는 은유도 사용한다. 그런데 한 페이지 남짓 뒤에서 루터는 매우 다른, 전쟁 같은 이미지

84) WA 40/1:437, 18-27 그리고 238, 12-18 (=LW 26:280).

를 통해 그리스도께서 저주를 지신 것의 효과를 설명한다.

이제 어떻게 그와 같이 극히 대조적인 것이 이분 안에서 만나는지 보도록 하자. 나와 당신의 죄만이 아니라, 온 세상의 죄—과거, 현재, 그리고 미래의 죄—가 그분을 공격하고, 그분을 저주하려 하고, 그리고 실제 저주한다. 그러나 최악이고, 가장 심각하며, 유일한 죄인인 그 한 분 안에는 영원하고 아무도 꺾을 수 없는 의(義)도 있어서, 이 둘은 조우한다. 최악이고 가장 심각하며 유일한 죄와 최상이며 가장 고상하고 유일한 의가 서로 만난다. 여기서 둘 중 하나는 필연적으로 물러나고 정복되어야 한다. 그 둘은 엄청난 힘으로 충돌하기 때문이다. 따라서 온 세상의 죄는 동원할 수 있는 모든 힘과 분노로 의를 공격한다. 어떻게 되었을까? 의는 영원하고, 불멸하며, 아무것도 꺾을 수 없다. 죄 역시 가장 강력하고 잔인한 폭군으로, 온 세상 위에 군림하고 다스리며, 모든 사람을 사로잡아 포로 삼는다. 한마디로, 죄는 모든 인류를 삼키는 가장 거대하고 강력한 신(神)이다. … 그가 그리스도를 공격하고, 모두를 삼켰듯 그분조차 삼키길 원한다고 나는 말한다. 그러나 그분이 꺾을 수 없고 영원한 의를 가진 분임을 보지 못한다. 따라서 이 결투에서, 죄는 필연적으로 정복되고 죽되, 의가 이기고 산다. 따라서 그리스도 안에서 모든 죄는 정복되고, 죽임을 당하고, 장사 되었다. 그리고 의는 영원한 승리자요 통치자로 남는다. 그래서 온 세상의 전능한 여제(emperess)인 사망도 … 모든 힘을 다해 생명과 충돌하고, 그것을 이기고 삼키려 한다. 시도하는 것을 이룬다. 그러나 생명은 불멸이기에 정복당했을 때 오히려 사망을 정복하고 죽임으로 결국 승리자로 나온다. … 따라서 온 세상에 대한 하나님의 진노인 저주는 복과 똑같은 싸움을 한다. 즉, 그리스도 안에 있는 하나님의 영원한 은총과 자비와 싸운다.[85)]

갈라디아서 3:13, 그리고 따라서 갈라디아서의 이 부분 전체에 대한 루터의 해석에 관해 마지막으로 살펴볼 것은, 다시 한번 그가 자신의 해석을 어떻게 위로와 위안과 연결하는지다. 이것은 비텐베르크 개혁자들의 성서 해석적 특징으로서, 본문의 의미는 교리(정의)와 그것의 영향이라는 두 부분으로 이뤄진다는 것이다. 교리의 효과가 절망으로 이끌면, 해석이 아무리 그럴싸해 보여도 여전히 틀린 것이다. 만일 죄, 사망, 두려움, 진노, 마귀, 그리고 악에게 공격을 당한 영혼이 성서나 그리스도에 대한 특정한 견해에서 위로를 찾지 못했다면, 지옥의 대가만이 남고, 해석은 틀린 것, 아니 율법뿐이라고 해야 할 것이다. 그래서 루터는 다음의 말로 갈라디아서에 대한 자신의 작업 일부를 결론 내린다. "따라서 감사와 확고한 확신 가운데, 참 달콤하고 위로 가득한 이 교리를 받자. 그리스도께서 우리를 위하여 저주(다시 말해, 하나님의 진노를 받아 마땅한 죄인)가 되셨고, 그분 스스로 우리로 옷 입으시고, 우리의 죄를 자신의 어깨에 두시고는 '모든 사람이 지은 죄를 제가 지었습니다'라고 하신다는 것을 가르치

85) WA 40/1:438, 32-35; 439, 13-31; 그리고 440, 15-16 (=LW 26:281).

는 교리 말이다."[86] 모든 것이 바울의 "우리를 위하여"로 귀결된다. 다시 한번 루터는 본문을 기가 막히는 독백으로 해석하는데, 1519년에 그가 소개한 "행복한 교환"으로 돌아간다.

> 우리와 이 상서로운 교환을 통해 우리의 죄 된 체질을 떠안으시고 우리에게는 자신의 순결하고 승리자적인 체질을 주신다. 이것으로 옷 입고 단장해서 우리는 율법의 저주로부터 자유하다. 그리스도께서 이렇게 말씀하시며 기꺼이 우리를 위해 저주가 되셨기 때문이다. "나의 인성과 신성으로 인해 나는 복있고, 아무것도 필요하지 않다. 그러나 나 자신을 비우고, 너희의 옷과 마스크를 떠맡을 것이다. 나는 너희를 죽음으로부터 자유롭게 하려고 이렇게 행하고 죽음을 경험할 것이다."[87]

루터는 이것에서 개인적인 위로를 끌어온다. 그리고 독자와 청자에게 직접 말한다. "그러므로 만일 죄가 당신을 걱정하게 만들고, 죽음이 두렵게 만들면, 이것은 마귀가 주는 헛된 망령이고 환영이라는 점을 기억하라. 그게 확실하다. 실제 죄, 저주, 사망, 그리고 마귀는 더는 없다. 그리스도께서 정복하시고 폐지하셨기 때문이다. 따라서 그리스도의 승리는 전적으로 확실하다. 실체 자체에 결함이 없다는 점도 전적으로 사실이다. 우리가 믿지 못할 뿐이다. 이성이 그처럼

86) WA 40/1:442, 31-34 그리고 443, 14 (=LW 26:283-84).
87) WA 40/1:443, 23-29 (=LW 26:284).

측량할 수 없는 선한 것들을 믿기가 어렵기 때문이다."[88]

루터는 이 본문에 대한 자신의 통찰을 다음과 같이 요약한다. "의심할 여지 없이 바울은 이런 것들을 갈라디아인들 앞에서 상당히 길게 다룬다. 그리스도의 일과 영광을 밝히고 불안해하는 양심을 강하게 하고 위로하는 것, 이것이 사도들의 합당한 사명이기 때문이다."[89] 그리스도의 일을 밝히고 위로하는(*doctrina et usus*) 이 두 가지 프로젝트는 비텐베르크 개혁자들 성서 해석의 중심이고, (스콜라주의자들과 로마주의자들과 더불어) 히에로니무스와 에라스무스만이 아니라, 본문에 대해 길들여지고, 율법 중심적인 우리 자신의 접근과도 직접적으로 충돌한다. 그런 접근으로는 바울 자신의 급진적인 말씀을 믿지 못한다. 그리고 현대적 또는 포스트모던 심연을 응시하는 이들더러 알아서 해결하도록 하는 '해석의 안전성'을 선호하는 그 접근과도 충돌한다.

88) WA 40/1:444, 19-24 (=LW 26:284-85).
89) WA 40/1:451, 25-27 (=LW 26:290).

후기

루터와 함께 성서 읽기

1539년에 루터는 자신의 독일어 작품 첫 권에 대한 서사(序詞)를 썼다. 그 안에서 무엇이 진정한 신학자를 만드는지를 반추했는데, 시편 119편 해석을 성경 읽기에 대한 고전적 수도원 방식의 긍정적인 충용(充用)과 결합한다. 수도승들은 '기도, 명상, 깨달음'(*oratio, meditatio, illuminatio*)라는 세 가지 방법으로 개요했다. 루터는 (매우 특이한 방법이긴 하지만) 첫 두 개를 수용하고, 세 번째 것은 반대적인 것(*tentatio*. 문자적으로 "시험", "괴롭힘" 또는 "공격"이라는 뜻의 독일어 Anfechtung에 해당함)으로 바꾸어 버렸다. 성경을 제대로 읽으면 난리가 나고 혼란이 야기된다는 사실을 확신했기 때문이다. 게다가, 루터는 바로 이 방법을 시편 119편에서 감지했다고 생각했다. 그는 시편 119편을 다윗이 지었다고 생각했고, 심지어 현대의 학자들도 루터가 그랬듯 이 시가 시편과 토라 전체의 요약을 제공한다고 주장한다. 그의 갈라디아서 주석이 출판된 지 4년밖에 되지 않은 시점에 쓴 그의 논평은, 우리가 앞 장에서 발견했고 실로 이 책 전체에서 발견한 바로 그 접근 방법을 반향한다.

> 신학을 공부할 바른길을 보이겠다. 나 자신이 거친 것이기도 한 이 길을 충실히 고수하면, 당신도 잘 배운 사람이 되어, 필요한 때가 되면, 교부들이나 공의회가 쓴 책에 못지않은 책을 쓸 수 있을 것이다. … 그것은 다윗왕이 시편 119편에서 가르치는 길이고, 의심의 여지 없이 모든 조상이나 예언자가 고수했던 것이기도 하다. 시 전체에서 아주 분명하게 제시된 것인데, 다음의 세 가지 원칙이 있음을 알 것이다. 기도, 묵상, 영적 시련(*oratio, meditatio, tentatio*).[1)]

먼저 루터는, 신학자는 기도로 본문에 다가가야 한다고 주장했다. 그런데 이 기도는, 더 풍부한 이해나 더 깊은 통찰을 구하는 거룩한 사람의 경건한 말이 아니라, 본문의 어리석음과 이성을 뒤엎는 진술에 맞닥뜨린 영혼의 필사적인 몸부림이다.

> 첫째, 당신은 성서란 다른 모든 책의 지혜를 어리석은 것으

1) John Doberstein, ed. and trans., *A Minister's Prayer Book: An Order of Prayers and Readings* (Philadelphia: Muhlenberg, 1959), 287. 다른 번역은 LW 34:279-88 참조.

로 만드는 것 임을 반드시 알아야 한다. 오직 이 책만이 영생을 가르치기 때문이다. 따라서 당신은 즉각 당신 자신의 마음과 이성에 대해 절망해야 한다. 그런 것으로는 영생을 얻을 수 없기 때문이다. 반대로, 그와 같은 건방짐으로는 당신 자신은 물론 당신과 함께 있는 다른 사람까지 하늘에서 지옥의 심연으로 던져넣을 것이다. 루시퍼처럼 말이다. 오히려 당신 자신의 골방에 무릎 꿇고 참으로 겸손하고 진지하게 기도하되, 그분의 귀한 아들을 통해 당신을 강하게 하고, 인도하며, 깨달음을 주실 성령 주시기를 구하라. 위에서 언급한 시에서 다윗이 어떻게 거듭 기도했는가. '나를 가르치소서. 주여, 나를 교훈하소서! 나에게 보이소서…' 이런 수많은 표현으로 기도했다. 그는 모세의 글과 다른 책을 잘 알았고, 매일 듣고 읽었지만, 자신의 이성으로 본문들을 다루고 자신을 주인 삼지 않도록 여전히 성서의 주인이신 그분을 사모한다. 성서가 자기들에게 복종한다고 여기고, 성령도 기도도 전혀 필요 없이, 마치 마르콜프(Markolf) 우화나 이솝 우화 대하듯, 자신들의 이성으로 쉽게 통달할 수 있다고 스스로 생각하는 이들이 분리주의자들을 양산한다.[2)]

그리고 루터는 묵상으로 옮겨 간다. 그런데 여기서도 그는 신비적 공상이나 지적 기량이 아니라 성서 구절 안에 있는 구체적 말에 대한 경탄 같은 것을 강조한다. 성서 본문은 고고한 사고를 위한 영적 발판을 주기보다, 성령께서 왜 이 특정한 것을 말씀하셨는지를 숙고하게 만든다.

---

2) Doberstein, *A Minister's Prayer Book*, 287-88.

> 둘째, 당신은 묵상하되 마음으로만이 아니라, 외적으로도 해야 한다. 책에 있는 실제적이고 문자적인 단어를 반복하고 비교하며, 신중한 관심과 생각을 가지고 읽고 또 읽어서, 성령께서 무엇을 의미하시는지 보아야 한다. 한두 번 읽고, 듣고, 또는 말했다고 온전히 이해했다고 생각하거나 만족하는 것을 경계하라. 그렇게 하면 결코 탁월한 신학자를 만들지 못할 것이다. 절반도 익기 전에 떨어지는 풋과일과 같은 것이다. 다윗이 밤낮으로 그리고 항상, 이야기하고 적으며, 소리 내어 말하고 노래하며, 듣고 하나님의 말씀과 계명을 읽는 것 외 아무것도 하지 않겠다며 계속 기뻐하는 이유다. 외적인 말씀을 떠나서 하나님은 그의 성령을 당신에게 주시지 않을 것이기 때문이다. 이에 맞게 인도를 받으라. 그분의 말씀을 외적으로 기록하고 선포하며, 읽고 노래하며, 말하라는 명령이 공연히 하신 것이 아니기 때문이다.[3)]

마지막으로, 그렇게 기도하고, 주의 깊게 읽은 성서는 묵상이나 깨달음이 아니라, 공격으로 인한 영적 시련(*Anfechtung*[*assault*] 이라는 말의 라틴어 단어 *tentatio*)으로 이끈다. 오늘날도 사람들은 성서가 자신들의 이성적 가정을 뒤집는다는 것을 듣고 싶어하지 않는다. 이것은 성서에 대한 루터의 접근 방법이 왜 여전히 (스스로) 의로운 사람들을 기분 나쁘게 하고, 죄인을 위로하는지를 설명한다. 루터는 다시 용어에 대한 정의에서 효과로 옮겨 간다.

---

3) 상게서, 288.

세 번째로, tentatio(영적 시련: Anfechtung)가 있다. 이것은 모든 지혜 위에 뛰어난 하나님의 말씀이 얼마나 옳고 달콤하며, 사랑스럽고 힘 있으며, 위로를 주는지를 우리가 알고 이해할 뿐만 아니라 경험하도록 가르치는 시금석이다. 다윗이 왜 그리 자주 이 시에서 모든 원수, 사악한 왕들과 독재자, 속이고 불경건한 영에 대해 탄식하는지를 알 수 있다. 다윗은 우리가 앞에서 말한 대로, 말씀을 묵상하고, 자신에게 적용하는 바로 그 사실 때문에 그런 것들을 견뎌야 한다. 당신을 통해 하나님의 말씀이 나가는 순간 마귀는 당신을 괴롭히고, 진정한 [신학] 박사로 만들며, 공격을 통해 하나님의 말씀을 구하고 사랑할 것을 가르칠 것이다. 나 자신으로 말하자면 … 나를 계속 치고, 억압하며, 공포에 떨게 한 교황주의자들에게 많이 감사하다. 꽤 괜찮은 신학자로 나를 만들었기 때문이다. 그렇지 않았다면 신학자가 될 수 없었을 것이다. … 그래서 다윗의 규칙이 당신에게도 적용된다. 이 예를 따라 잘 공부하면, 당신도 같은 시편의 다음과 같은 구절의 말씀으로 그와 함께 노래하고 찬양할 것이다. "주의 입의 법이 내게는 천천의 금은보다 좋으니이다."[4)]

우리가 루터의 갈라디아서 해석을 살펴본 제5장만이 아니라 앞장에서도, 성서 본문에서 의미를 짜내는 루터의 능력에 놀랄 뿐이다. 성서에서 발견한 역설을 해소하거나 길들이는 대신, 루터는 한껏 그 안에서 즐겼고, 불편하게 만드는 본성을 요지로 받아들였다. 바울은 독자의 이성을 혼란

4) 상게서, 288-89(수정한 번역).

하게 하고 믿음으로 이끌고 가려고 그들을 뒤엎길 원한다. 루터에게 바울의 논쟁을 이해하는 데 다음의 세 가지가 수렴된다. 의미는 정의(定意)와 효과(율법과 복음) 안에서 수렴된다는 확신, 그리고 본문의 역설적 본성이 옛 합리적인 피조물의 죽음을 일으킨다는 더 큰 확신(십자가 신학), 마지막으로 경건하지 않은 사람을 의롭게 하시는 하나님 경험이다. 본문은 듣는 사람 안에 믿음을 만들어 자체를 인가한다. 이 사실은 루터가 본문을 생명 없이(*frigide*) 읽는 것을 막았고, 본문 자체를 청중에게 생생하게 전할 수 있는 방법을 찾도록 했다. 이 생동감을 일으키기 위해, 아리스토텔레스적 논리를 따라 만든 셀 수 없는 구분, 그리고 동일한 논리를 사용한 수많은 모순해법을 동원한 스콜라 방법론은 루터에게 사후경직(*rigor mortis*)을 의미할 뿐이었다. 율법의 심판과 십자가의 스캔들을 모면하고, 인간이 의도하고 행할 만한 것으로 그것을 길들이려고 애쓰는 이성의 마지막 헐떡거림이랄까. 그렇게 하지 말고, 하나님, 율법, 그리고 바울 자신이 말씀해야 한다. 대리자 또는 승리자로서, 아니면 솔직히 말해 다른 어떤 것이든, 십자가에 달리신 그리스도의 이미지는 반드시 본문 자체로부터 독자를 맞서야만 한다. 가장 중요한 것으로, 해석자는 본문의 어리석음과 역설을 감히 제거하려 하지 말고 본문이 독자에게 최악의 일(공포)과 최상의 일(위로)을 할 때까지 고양해야 한다.

가장 진보적인 주해가와 가장 보수적인 주해가(그리고 그 둘 사이에 있는 대부분의 주해가), 이들이 일제히 하는 성서 본문 길들이기는 오늘날 성서적 메시지와 그것의 권위에 가장 큰 위협이 되고 있다. 해석자가 하나님을 변명해야 한다고 우기고, 역사적 또는 논리적 무덤에 매장한다면, 성서가 자체를 증명하거나 재가하는 것은 거의 어렵다. 예수께서 안식일을 범하신 것이 단지 토요일 예배에서 일요일 예배로의 전환에 관한 것이 아닌 것처럼, 만삭되지 못하고 태어난 부활하신 분의 증인인 바울을, 이방인 그리스도인에게 정결법을 더 구미 있게 만들기 위해 그것을 만지작거린 사람 정도로 축소하면 안 된다. 인간 실존이 달린 문제다. 루터와 동시대인이었던 개혁 교인이나 가톨릭 교인 가운데 흔했던 옛 질문("나는 양인가, 염소인가?")을 버리고 인간 실존에 대한 두려운 질문("하나님은 육식성이신가 아니면 채식성이신가?"[전자는 위험하고 위엄 있는 하나님을, 후자는 양순하고 길들일 수 있는 하나님을 지칭함, 역자 주])을 하게 될 때야 오늘날의 성서 독자는 놀랍고 생명을 주시는 대답(하나님은 살리기 위해 죽이신다. 하나님은 살리기 위해 죽으신다)을 선포하기는 차치하고 들을 기회라도 얻을 것이다.[5] 마지막으로, 말씀이 생산하는 것—신자—이야말로 본질적으로 그것의 권위(*auctoritas*)다.

---

5) 데이비드 스타인메츠의 논평에 따르면 이 이미지는 스티븐 오즈먼트(Stephen Ozment)에게서 왔다.

그때 선하고 도덕적인 행위도 의롭게 하는 것이 아니라 단지 믿음의 열매가 된다. 말씀과 그것을 전하고 선포하는 것은 좋은 나무를 만든다. 다시 말해, 하나님만을 신뢰하는 사람인 신자를 만든다. 그때 신자는 “율법의 행위”가 아니라 “성령의 열매”를 맺는다. 더 정확하게 말해, 성령 충만한 말씀은 믿는 나무와 나무의 좋은 열매를 창조한다. 그리스도나 율법을 따라 하는 것은 하나님의 아들이나 딸을 만들지 않는다. 반대로 소속되는 것, 즉 아들과 딸로 입양되는 것이 본받는 자를 만든다. 그러나 오늘 세상에서 매주 우리 주일 예배의 강대상을 차지하는 모든 교파의 수많은, 선한 의도를 가진 설교자와는 달리, 루터에게 선포의 요지는 *결코* 열매가 *아니라* 항상 신자를 만들고, ‘그리스도 안에서 하나님이 세상을 자기와 화목하게 하신다’라는 복음의 중심으로 사람을 끌어당기는 것이다. 이 점에 있어서, 루터는 그리스도를 가리키며, 그분만이 “세상 죄를 지고 가는 하나님의 어린양”임을 선포하는 광야의 소리다. 들을 귀 있는 분은 들으시기를!

주제 색인

성구 색인

구약성서

마가복음

누가복음

요한복음

<u>고린도후서</u>

<u>갈라디아서</u>

<u>에베소서</u>

<u>빌립보서</u>

<u>골로새서</u>

루터와 성서

루터와 함께 읽는 성서

초 판 1 쇄 인쇄 / 2023년 3월 25일
초 판 1 쇄 발행 / 2023년 3월 31일
지 은 이 / 티모시 J. 웽거트(Timothy J. Wengert)
옮 긴 이 / 김 효 종
발 행 인 / 김 은 섭
편 집 인 / 최 태 훈
발 행 소 / 도서출판 컨콜디아사
(기독교한국루터회 총회 출판국)
서울시 용산구 소월로2길 21-11 루터교센터
(전화) 02-3789-7452, 7453 (팩스) 02-3789-7457
등록 / 1959년 8월 11일(제3-45호)
www.concordia.co.kr
책 값 **15,000원**
ISBN 978-89-391-0165-4 03230